告知事項あり。

その事故物件で起きること

※図面と現況が異なる場合は、現況優先と致します

お客様にお知らせしなければいけないことがございます。

はじめに

２０２２年12月に私が立ち上げた株式会社カチモードは、事故物件を専門に〝オバケ調査〟を実施する会社です。そして、その目的は**【死亡事故が発生した事故物件の運用について、入居者の再募集時に減額されてしまう家賃を相場まで引き上げる】**ことです。

目的達成の鍵となるオバケ調査とは、事故物件室内における一番怪しい場所に焦点を絞り、①映像、②音声、③電磁波、④室温・湿度、⑤大気圧、⑥風力、⑦騒音、⑧サーモグラフィーという8項目について、22時〜翌6時までの8時間にわたり検証する調査のことを指します。さらに、機材を使った調査の他にも、賃貸不動産の管理会社で培った15年間のノウハウを総動員し、室内や建物の構造的な不備、特殊清掃や室内リフォームといった専門的な部分についてもチェックをおこない、その部屋が賃貸物件として運用できるレベルに達しているのかどうかも判断します。その結果、「人が亡くなった部屋ではあるが、使用にはまったく問題はなく、室内に心理的な異常も発見されない」として調査報告書と証明書を発行し、事故物件という状況に困っている方々に対して、日々ご協力をしています。

そんなオバケ調査を実施しているカチモードですが、実は裏の顔ともいえる第2の目的が存在します。それは、**【実際にオバケを発見する】**というものです。

事実、賃貸不動産の管理会社に勤務していた15年間に出入りした合計７０００室を超える部屋や建物を思い返したとき、異常、または理由のつかない現象が発生している部屋や建物が多数存在しており、それを記録として残すようにしていました。しかし、サラリーマンという立場上、それらの部屋や建物を詳細に調べることは業務とは関係のない事柄のために手を出せない。異常があっても調査ができない。と、とてももどかしく感じていました。故に、自身で立ち上げたカチモードではオバケ調査として存分に調査をしよう。「室内に心理的な異常がないことを証明する」一方で**【実際にオバケを発見する】**ために、物理学・超心理学専攻の大学教授や、映像および音声分析の専門家、プロカメラマンらに脇を固めてもらい、異常が起きた場合についても万全の状態で臨めるように準備を進めました。

しかしここまでしているにもかかわらず、理由のつかない不思議なことは発生します。それは時に電磁波の異常値として表れ、録音機材に録音されない音として表れ、録画映像内に光として表れたりします。本書では、そんな不思議なことが発生している部屋や建物について、カチモードを起業してからの出来事はもちろんですが、賃貸不動産管理会社の会社員時代に私が経験した不思議な出来事についても回想していきたいと思います。

なお、すべてが私の実体験であり、実際に多くの部屋や建物がまだ現存しています。よって、舞台となる部屋や建物、当事者や関係者にご迷惑をかけることのないよう、また本書を通じて追体験をしていく読者の皆様方に悪影響が出ないよう、一部の表現を調整していることをご了承ください。

賃貸物件の業界概要

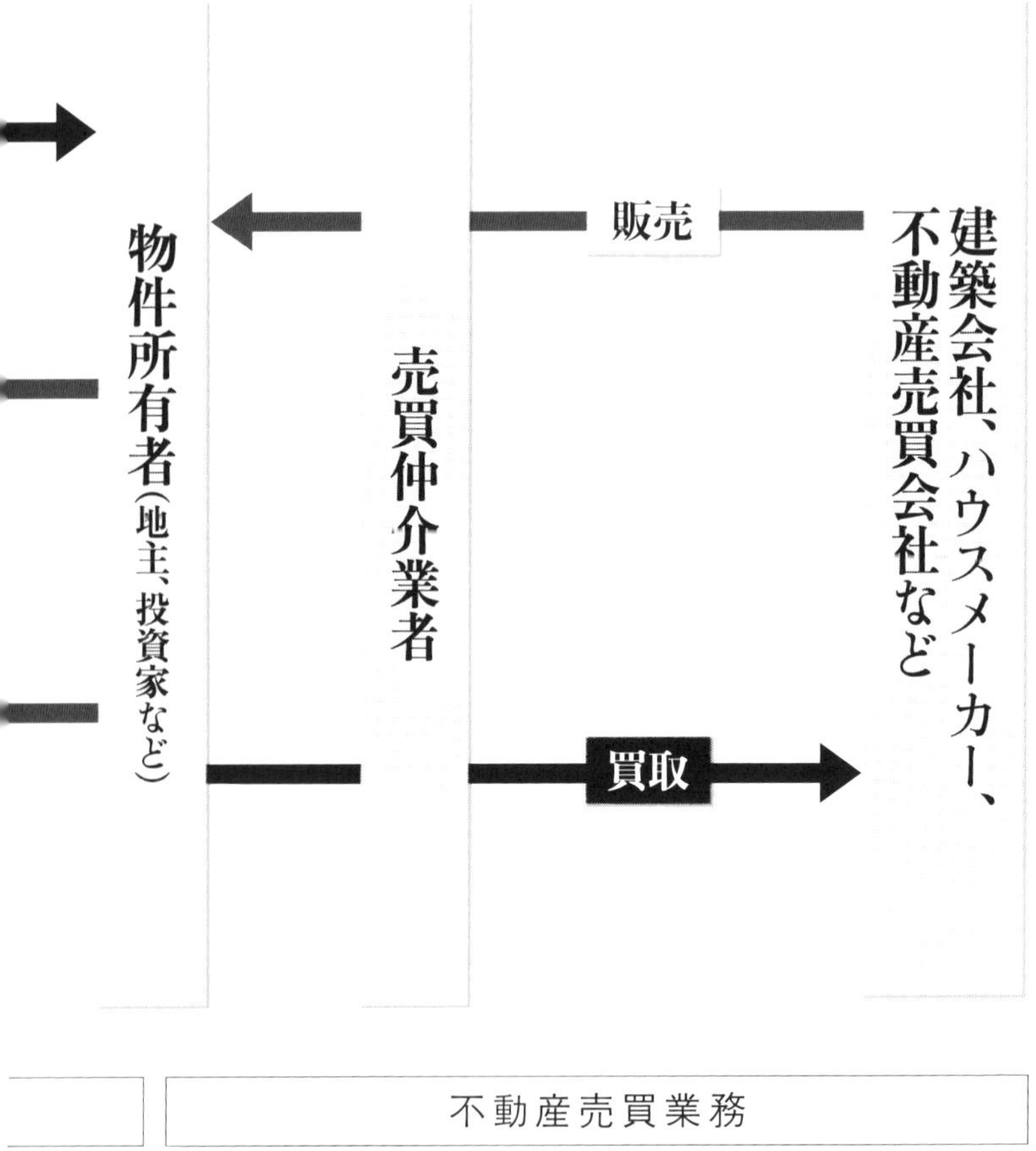
建築会社、ハウスメーカー、不動産売買会社など
販売
買取
売買仲介業者
物件所有者（地主、投資家など）
不動産売買業務

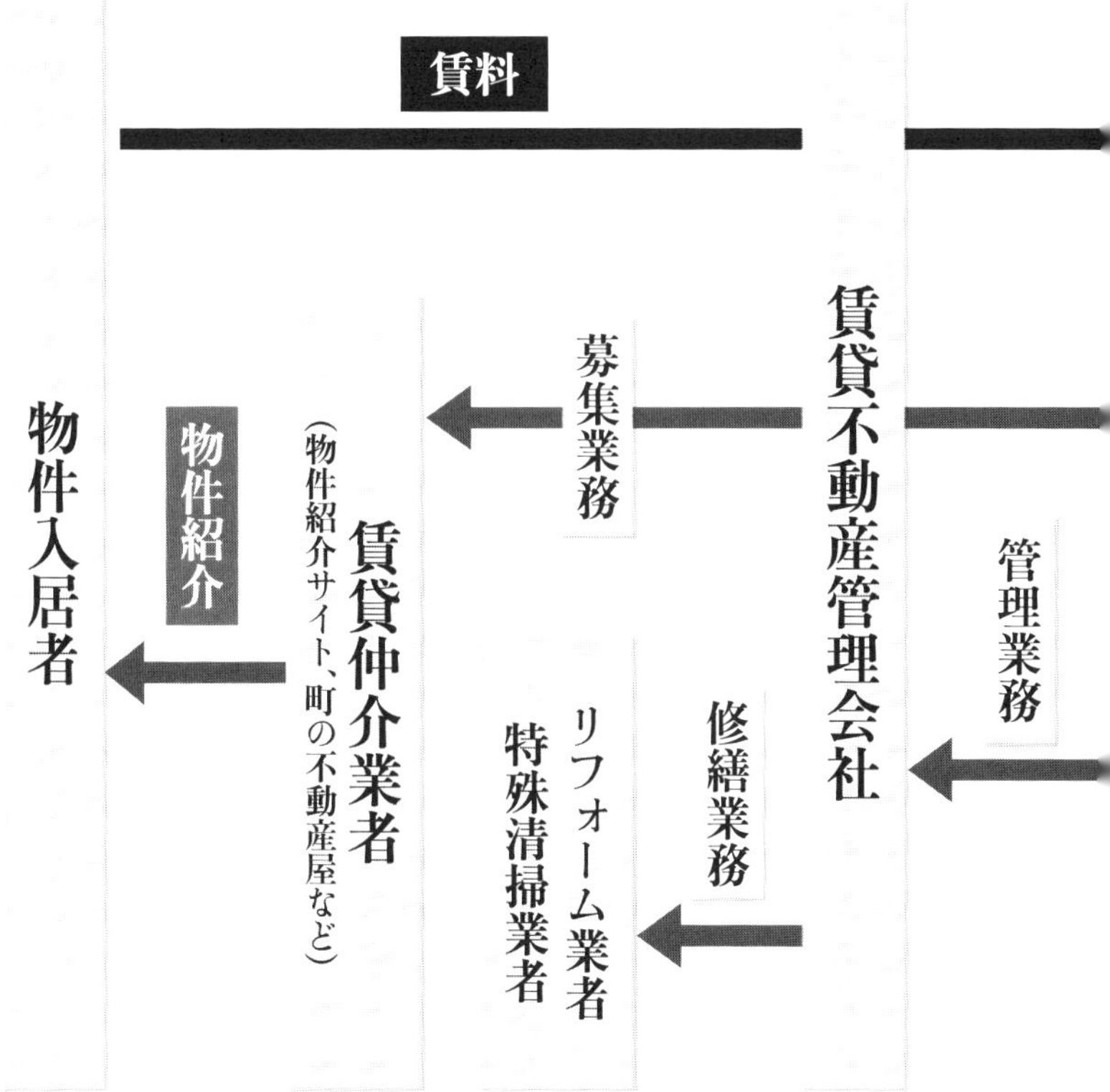
賃料
賃貸不動産管理会社
管理業務
募集業務
修繕業務
リフォーム業者
特殊清掃業者
賃貸仲介業者
（物件紹介サイト、町の不動産屋など）
物件紹介
物件入居者

不動産管理業務

もくじ

#001

御札の部屋

噂には聞いていた不動産業界の知られざる暗部。〝不思議な部屋〟の存在。人生で初めてそれを認知してしまったこの経験は、後にカチモードを起業する大きな契機となった出来事のひとつです。しかし惜しむべきは、その日撮影した写真をすべて削除してしまったこと。なぜ一枚だけでもデータを残さなかったのか。今は思い返すたびに強い後悔を感じます。しかし当時の私としては、その部屋のあまりの不可解さと不気味さ故に、撮影した写真は一秒でも持っていたくない。すべて削除することこそが最善と考えていたのです。

・・・その部屋で何が起きたのか。それは……

２００８年７月末。賃貸不動産の管理会社に転職して１年半ほどが経過した頃、私は営業職としてそれなりの結果を出しながら毎日を過ごしていました。通常は、それこそ競合他社としのぎを削りながら、建物の所有者に対して毎日足を使って営業をすることが多かったその時代、私はそのような営業方法の他、不動産売買会社へも頻繁に出入りをしていました。なぜ、そんなことをしていたのか。その理由は、お互いのメリットが大きかったからです。私としては、不動産売買会社の担当者とタッグを組むことで、その担当者が建物の販売に成功した際、建物を購入したお客様に優先的に管理会社として紹介してもらいます。不動産売買会社側としては、玉石混交の案件の中で、お客様に建物を紹介する以前に賃貸不動産管理会社に建物を見てもらい、運用開始後の懸念点をあぶり出し、事前に対応することでトラブルを減らせるため重宝がられていました。そんな持ちつ持たれつの間柄ですから、毎日のように建物の情報交換がおこなわれていたのです。その日も、いつものように新しい案件についての電話が鳴りました。

「児玉君、おはよう。新しい案件について相談がしたいんだけど、大丈夫？」

「おはようございます、竹田さん。大丈夫ですけど、今回はどんな建物なんですか？　前の建物は酷かったから、今回は良い建物にしてくださいよ！」

「ははっ。トゲのある言い方だな。だけど結局は契約が取れたのだから、児玉君としては良かっただろ」

「それはそうですが、後が大変なんですよね……」

「まぁ、いいじゃないか。それで新しい案件なんだけどさ……」

その日、竹田さんの持ってきた案件は、ＪＲ新宿駅から電車で20分ほど、駅から徒歩15分ほどの場所に建っている物件でした。築15年、鉄骨造、３階建て、１Ｋタイプの部屋が９室のマンションとのことです。

「へぇ。良さそうな感じですね。駅からは少し遠いですが、場所は管理可能な地域です。あとは建物内外の状況ですが、内覧できる部屋はありますか？」

「あるよ。今は１０２号室と２０２号室が空室になっているから、その２部屋を確認して建物全体の評価をつけて。２部屋ともリフォームもしてあるから綺麗だよ」

「わかりました。102号室と202号室ですね。部屋の鍵はどこにありますか？」

「部屋の鍵は全部、建物外階段の2階、手すり部分にキーボックスが付いてるから、そこから取り出して。キーボックスの開錠番号はいつも通りで会社の電話番号下4桁だよ」

「わかりました。いつもの番号ですね。では明日、早速見てきますよ」

「おっ、良い物件だとわかったら動きが早いねぇ」

「いつも通りですよ」

「はいはい。よろしく頼んだよ」

こうして私はいわくつきのその物件に足を運ぶこととなったのです……。


翌日は、午前中からトラブルが立て続けに発生したため、業務が落ち着かない、そんな日でした。その影響もあって竹田さんから紹介を受けた物件に到着したのは、夕方17時半を少し越えた時間になってしまいました。

戸建てやアパートが乱立する住宅地の中に建っているその物件は、築15年よりも若く見え、3階建てではありますがデザインにまとまりのある〝品のあるマンション〟という印象でした。メールボックスを確認すると、各階に1号室から3号室までの部屋が割り振られており、合計9室。聞いていた通りの配置です。

「思っていたよりも良い感じの建物だな。当たりかもしれない」

心の中で小さくガッツポーズをしながら、足早に2階に設置されているキーボックスへと向かい、102号室と202号室の鍵を取り出しました。

「早く確認しないと日が暮れる」

「すごく綺麗にリフォームが完了している。これなら明日からでも運用できそうだ」

そんな独り言が出てしまうほど102号室と202号室の状態は完璧でした。その後、共用部分や建物裏手、隣地との境界などの確認もしましたが、どこにも異常は見られませんでした。

「竹田さん、すごくいい物件を紹介してくれたんだな。一応、報告の電話でもしておくか」

ポケットから折りたたみ式の携帯電話を取り出し発信ボタンを押した瞬間、あることに気づきました。

「そうか。3階の確認を忘れていた」

幸い、呼び出し音のみで竹田さんは電話に出なかったため発信を中止。外階段を使ってそそくさと3階に上がりました。

「でも3階は満室だと言っていたし、まぁ共用部の状況だけ見ておくか」

そう考えながら3階共用部を確認してみると……

「あれ？　電気メーターが止まっている」

302号室に違和感を覚えました。入居中のはずが、電気メーターがまったく動いていません。テレビや冷蔵庫などの待機電力だけでも薄い円盤が回転するのですが、完全に止まっています。念のため、水道メーターも確認しますが、どうやら水も止められている状態です。

「302号室も空室だったのか。鍵があれば中に入りたいけれど設置してあるのかな？」

なんとなく階段の方に目をやると、手すり部分の端にキーボックスが設置されています。

「おっ。キーボックスが付いてる」

暗証番号は2階と同じなのだろうかと考えながらキーボックスを手に取り、ダイヤル部分に触れてみると、ダイヤルには引っ掛かりがなく滑るようにくるくると回転してしまいます。

「不用心だな。ダイヤルが壊れてる。これじゃ蓋にもロックがかかっていないかもしれない」

案の定、蓋部分がロックされている様子はなく無防備に開いてしまいました。そして蓋の開いたキーボックスの中には、黒マジックで雑に302と書かれた一本の鍵が入っていました。

「鍵はあるんだ」

鍵を手に取り、302号室の玄関扉に鍵を差し込んだそのとき、

「さすがに無断で入室するわけにもいかないな。一応、連絡しておくか」

そう考え、再度竹田さんに電話をかけますが、呼び出し音が鳴るだけで竹田さん本人と連絡は取れません。

「つながらないか。まぁ、キーボックスに鍵があるんだし、開けるだけ開けてみよう」

電話を諦めた私は気を取り直し、302号室の玄関扉に差し込まれた鍵を回します。

ガチャリ。

ロックが外れる音がしました。ドアノブをつかみ玄関扉を開けると、異様な雰囲気を放つ室内に息をのみました。

「うわっ、なんだ？　この部屋は」

室内は煤《すす》のような真っ黒な汚れが全体に付着しています。

「何か燃やしたのか？　その割には燃えた臭いはしないけど……」

玄関口に入りましたが靴を脱ぐ気にはなりませんでした。土足のまま上がります。

302号室は20平方メートルほどの1Kタイプで一人暮らし用の部屋です。玄関を入るとすぐに腰の高さほどの玄関収納があり、短い廊下の右側には風呂、トイレ、洗面台がひとつに収まった3点ユニットバス。その向かい側には申し訳程度にしつらえられた小さなキッチンがありました。居室は6帖の洋室となっています。同じ2号室である1階2階の部屋との違いは、302号室は最上階のためロフトが付いていることです。

生活用品は何もありませんが、前の住人が退去してからかなりの期間、人の出入りがなかった部屋なのではないかと察しました。

「この白い跡はなんだ？」

例えば長い年月張っていたポスターを剝がした際、ポスターが張られていた部分とその周辺部分に色の違いが出て浮き上がって見えることがあります。これを〝焼け〟と呼ぶのですが、

302号室にも同じ状況が発生していました。特にこの部屋は全体が真っ黒に汚れていたので、汚れた後に何かを剝がしたその跡は、気持ちの悪いほどハッキリと見ることができました。

その白い跡の大きさは、写真のL版サイズほどでした。1枚や2枚であれば好きなアイドルやお気に入りの写真などを張っていたと思うこともできますが、数が尋常ではありません。玄関口から廊下、居室、ロフトの奥まで、何かが張られて剝がされた跡が続いています。正式な枚数は数えていませんが、ゆうに100枚以上は張られていたと思います。

「なんだよ、この部屋は。相当なアイドル好きが住んでいたんだな」

言い知れぬ雰囲気の中、そんなあり得ないことを口にしながら室内をデジカメで撮影していきました。ロフト、居室、廊下、キッチン、3点ユニットバス。順調に撮影を続けた最後、玄関に設置されている玄関収納の観音開きの扉を開けたときです。2段目に1枚の紙が置かれているのを見つけたのです。

そっと左手で拾い上げたその紙は、ちょうど写真のL版サイズ程度の大きさでした。茶色をもっと煮詰めたような濃い色に少し黄色みがかったような色合いで、グシャグシャに握りつぶされた後にわざわざ広げられたようなしわが浮かび上がっています。質感は落ち葉のようにパリパリとしており、その表面には達筆すぎて読むことのできない崩された文字がびっしりと書かれていました。

「冗談はやめようよ」

すでに赤い西日の差す室内。私はおもむろに白い焼けの確認を始めます。恐る恐る、左手に持った紙を一番近くにある白い焼けに重ねてみました。吸い付くようにぴたりとはまります。

「これ、御札でしょ……。まさか……全部これが張られていた？　こんなに大量に？」

玄関から短い廊下を挟んで居室へと続く室内を振り返り、唖然としながらも白い焼けを見返します。そして左手に御札を持ちながら小走りで居室に戻り、手当たり次第、白い焼けに御札を重ね始めました。

「これも、これも、これも、これも、これも……」

ロフトの天井に付いていた白い焼けのひとつに御札を重ねたとき、我に返りました。

「えっ？　なんだ？　この部屋は……」


ロフトから下り、その場で竹田さんへ電話をかけました。そして、呼び出し音が鳴るとすぐに電話はつながったのです。

「児玉君、さっきは着信に気づかなくてごめんね」

「竹田さん、この部屋なんなんですか？」

「え？　なに？　なんのこと？」

「302号室ですよ。302号室！　なんなんですか？この部屋は。御札が張られて剝がされた跡がいっぱいですよ！」

「待てって。どこにいるって?」

「昨日竹田さんから依頼のあったマンションですって!」

「いやいや、それはわかってる。どこの部屋にいるのかを聞いているんだよ」

「302号室の中です」

「302号室の中?」

ここで一瞬の沈黙。冷静に考えれば、入室の許可をもらっているのは102号室と202号室であり、302号室には許可は出ていません。無断で入室している状態です。何を余計なことをしているんだ。と怒鳴られるのかと思い身構えていましたが、竹田さんからは思いがけない返答が来ました。

「302号室の中にいるのか?」

「そうです。なんなんですか。この部屋は」

「わかった。とりあえず、すぐに部屋から出てほしい。そして部屋から出たら電話して」

いつものふざけた感じではなく、真面目にやさしく指示されたことで私は逆に冷静になりました。そして二度と室内に戻らない可能性を考えながら、室内に所持品の忘れ物や鍵の閉め忘れがないかを確認、御札もしっかりと元々あった玄関収納の2段目に戻しました。退室し、玄関の鍵を閉め、鍵は3階の階段手すり部分にある壊れたキーボックスの中に入れました。そして、再び竹田さんへ連絡をします。

「部屋から出ました」

「おい。本当に302号室の中にいたのか？」

「本当です。302号室の中にいました」

「どうやって部屋に入った？」

「3階部分の階段手すりにキーボックスが付いていて、その中に鍵がありました」

「ウチのキーボックスではないだろう？　暗証番号だってわからないだろうが……」

「4桁のダイヤル部分は壊れていて、蓋も開いていたのでそこから鍵を取りました」

「そうか……」

嫌な予感がします。

「実は、俺は302号室に入ったことがないんだ」

「はっ？　竹田さん、何を言っているんですか？」

「正直なことを言うと、302号室は開かずの間なんだよ。今の建物所有者はマンションを購入してまだ1年足らずだけど、その人も302号室の室内は見たことがない。元から鍵が引き継がれてないんだよ。だけど、これから売却をするのに中を見ないわけにはいかないだろ。だから明日、鍵の業者を呼んでシリンダーを壊して中に入る予定なんだよ」

「開かずの間って。竹田さん、悪い冗談はやめましょうよ。部屋の鍵は現地にあるし、中にも入れましたよ。あの部屋は御札の部屋です」

「いい加減にしろって。302号室の鍵はない。そもそも2階に2部屋分の鍵を設置したのは俺だし、建物にも何回も行っているが3階に壊れたキーボックスなんて見たことがない」

「竹田さん、本気で言っているんですか？」

「俺は本当のことしか言っていない」

「わかりました。そろそろ日が暮れます。今日はもうここにいたくないので離れます。明日、鍵の業者は何時にここに来るんですか？」

「約束は10時だ」

「それでしたら明日9時半にマンション現地、ここで集合しませんか。私ももう一度来ます。一緒に鍵があることを確認しましょう」

「わかった。じゃあ、明日9時半に現地で」

竹田さんとの電話を切った後、私は3階の手すりに付いている壊れたキーボックスに手を触れ、鍵を取り出し、その存在を改めて確認しました。

「竹田さん、鍵はないと言っていたな。なぜ嘘をつくのだろう？」

そろそろ本当に夜になってしまいます。

「念のためにキーボックスの写真を撮っておこう」

本当に念のためではあったのですが、私はその存在を記録するため、キーボックスの全体と、蓋を開けたまま鍵も一緒に写っている状態、そんな2枚の写真を撮影しました。

「よし。しっかりと撮れているし大丈夫」

　こうしてその日は帰路につきました。


　翌日、約束の9時半より少し前に現地に到着すると、すでに竹田さんは建物の3階におり、外階段部分から顔を出して私に声をかけてきました。

「おはよう。児玉君。鍵はどこにあるんだっけ？」

「3階の手すり部分ですよ。2階のキーボックスが付いている場所、その真上です」

「ないよ」

「朝から本当にいい加減にしてくれませんか？」

　竹田さんがふざけていると思い、私もすぐに3階に上がり確認します。が、何もありません。

「竹田さん。隠したんでしょ。何やってるんですか。ふざけすぎです。怒りますよ」

「ふざけてない。そもそも最初から鍵なんてないって言ってるだろうが」

　少し怒り気味の竹田さん。どうやらふざけてはいないようです。

「何を怒っているんですか。昨日、302号室の室内写真と、最後に念のためと思ってキーボックスの写真を2枚、このカメラで撮影しています。一緒に確認しましょうよ」

　そして昨日撮影に使ったデジカメを取り出し、竹田さんと一緒に室内の画像を確認していくのですが……

「おかしい……」

カメラを再起動させてもう一度デジカメ内の写真フォルダを見直しましたが、目を疑うようなことが起きています。

「なぜ……」

「児玉君。どうした？」

「竹田さん。真っ黒なんですよ」

「ん？　何が？　室内の写真はしっかりと写っているじゃないか」

「違いますよ。3階にあったキーボックスの写真を2枚撮影したんです。それが……」

デジカメには302号室の室内写真が綺麗に保存されていました。しかし、最後に撮影した3階の手すりに付けられたキーボックスと、鍵そのものを撮影した2枚の写真、このデータだけが真っ黒になっていたのです。のみ込まれてしまいそうな深い暗闇をそのまま写したような、そんな写真でした。

暗闇を見つめる私たちは言葉を失ってしまったのですが、そのとき鍵の業者が到着しました。

「どこの部屋のシリンダーを開ければいいですか？」

「302号室をお願いします」

ひきつった顔で竹田さんが答えます。

　そして、手際よくドリルで３０２号室のシリンダーを壊すとドアは開き、それを確認して業者は帰っていきました。

「児玉君。先に入ってよ」

「嫌です。昨日、中に入りましたし。竹田さんが先に行ってください。玄関収納の２段目に御札がありますからね」

「まだそんな嘘を言ってるの？」

「嘘じゃないですよ。さっき一緒に写真を確認しましたよね」

「見たけどさぁ……」

　結局、竹田さんを先頭に共に部屋に入りましたが、３０２号室は、昨日私がひとりで入室したときと何も変わっていませんでした。玄関収納には御札があり、真っ黒に煤けた部屋には、白く浮き上がった焼けが見えます。室内をひと通り目視しましたが、先ほど確認した室内写真と比べても同じ部屋であることは明白でした。

「気持ち悪い部屋だ。児玉君、本当に昨日この部屋に入ったんだな。写真の通りじゃないか」

「だから言ったじゃないですか。鍵があって室内に入ったって」

「よくひとりで入れたもんだよ」

「竹田さん。この部屋で一体何があったんですか？」

「いやぁ。俺も聞いた話なんだけど、２件続けて首吊り自殺があったんだよ」

「2件の縊死《いし》ですか……」

302号室内で2件の首吊り自殺があったのは前所有者が物件運用をしていた時期とのことでした。そして縁起を担ぐ当時の所有者は、部屋中のものをすべて片付けた後、御札を張り付けて部屋を閉じ、鍵を捨て、そこを開かずの間とした上で安く売りに出したのだといいます。

それを買ったのが現在の所有者なのですが、1部屋を空けたままにしていても十分に利益が出る金額で建物を購入したとのことで、儲けの多い物件と踏んでいたのでしょう。

しかし、そう上手くはいきませんでした。302号室の直下である202号室と102号室には入居者が居つかず、その2部屋についてもずっと空室となっているというのです。9室中3室でまったく家賃収入が見込めない。所有者としてはとても厳しい状況です。買ったばかりではありますが売却を決意し、その売却担当となったのが竹田さんだったのです。

物件から離れつつ、竹田さんと今後の話をしました。

「竹田さん。302号室とその真下の2部屋。縦列の部屋すべてに影響が出ているじゃないですか。これ、相当ないわくつき物件ですよ。正直、管理したくありません。申し訳ないですが、こちらのマンションの管理はお断りします」

「うん。そうだな。とにかく今回のマンションは気持ちが悪い。俺も手を引くことにする」

「そうしましょう」

「それはそうと児玉君。302号室の鍵。あれはどういうことだったんだ？」

「私にもまったくわかりません……」

「不思議なこともあるもんだね」

「本当に不思議ですよ。室内の写真同様、最後に撮影したキーボックスの2枚の写真も昨日はしっかりと写っていたんですから。それがあんなふうになってしまって……」

「鍵はどこにいったんだろう？」

「わかりません。現場のどこにもなかったし、キーボックスと鍵の写真は真っ黒になっているし、本当に鍵があったのか自信もなくなってきました。でも室内の写真があるので確実に室内に入っているのは間違いありません。本当に気味が悪い」

「こんなこともあるんだなあ」

「写真。気持ち悪いので全部消しますよ。管理もしないし、竹田さんも手を引くんですよね」

「ああ。それがいいかもしれない。何かあったら嫌だしね」

「では早速……」

デジカメのメニュー画面から写真フォルダを選択し、全消去ボタンを押すと、『保存されたデータはありません』デジカメにはそんな表示が映し出されました。

私はその表示を見たとき、すべてが終わったものと考えていました。まさか、これがこれから起こる出来事の始まりに過ぎないなんて、このときの私は知る由もありませんでした。

#001

簡易報告書

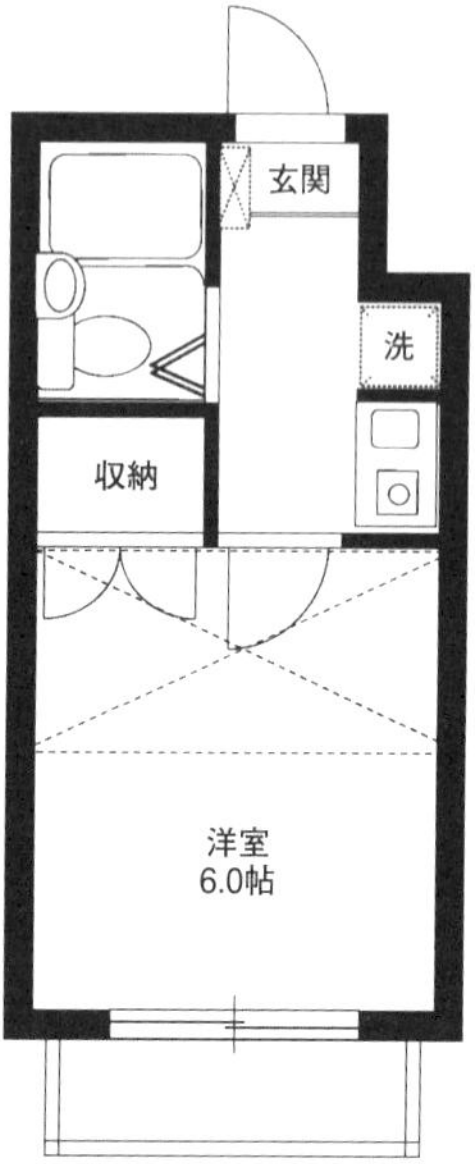

都内某所(新宿駅から約20分)
単身用賃貸マンション(鉄骨造3階建)

【概要】
・存在しないはずの302号室の鍵が、現地に出現
・入室後、当該物件が「開かずの間」であった事実が発覚
・その後、鍵が消失し、証拠として撮影した写真にも異常発生

【経過】
当該物件の売買を中止

#002

御札の部屋の臭い

いつもと同じ。その日もコツコツと外回り営業をしていました。お得意様に顔を出し、ご依頼のあった不動産物件を訪問、室内や建物回りを確認しながら、不動産査定書を作成するためのサンプルを現地で集めます。御札の部屋に入り込んでしまってから数週間。不思議な経験をしたな、と思い出しながらも、その思いと記憶は日常業務に忙殺され、段々と薄れていったのです。

そんなある日、電話連絡を受けました。分譲マンションの一室について管理をお願いしたいとのご依頼です。相手は物件所有者の代理人という肩書の、不動産会社の佐藤さんという女性の営業担当者です。

「児玉さん。都内一等地の高層マンションですよ。分譲マンションの一室とはなりますが、家賃は高く貸せるし、こちらのマンションの一室を管理しているとなれば、日々の営業の話題にもなるのではないですか？」

このように佐藤さんは言います。確かに建物は全国的に有名であり、同じ大きさの他部屋の運用状況を確認しても、かなりの高額で成約をしているようです。それに佐藤さんの言うように話題にもなります。しかし私には気になることがありました。

「このたびはお声掛けいただきありがとうございます。お声掛けいただいたのは嬉しいのですが、なぜ私の勤める会社に管理を任せたいと思われたのですか？　他の部屋を確認すると、全部ではないですが、ほとんどひとつの会社で運用されているようですが」

「えっ？　ああ、それは御社が最近何かと話題になっている会社ですから。物件所有者であるオーナーのご意向ももちろんありますが、私が推薦したんです」

「そうですか……」

私の勤める会社ではその当時、『どんな物件でも借り上げます！』というキャッチフレーズのもと営業を進めていたため、密かに話題となっている会社ではありました。とはいえ、このような最高級の物件をマンション内で運用実績のない会社に飛び込み営業のような形で任せようとするものなのか。この部分がとても気になり、気持ちの中で引っかかったのです。しかし、良い物件には変わりありません。私自身も契約を締結できれば営業成績につながりますし、有名物件の管理ができるかもしれないということで興味も出てきていました。

「早速、室内を見てもらいたいのです。いつご足労をいただけますか？」

「はい。わかりました。では今週末はいかがですか？　できれば昼過ぎの時間帯で」

「大丈夫です。しかし当日、オーナーは同席できません。私が鍵を持って現場に向かいますので、ご承知おきください」

「承知しました。当日はよろしくお願いいたします」

週末。有名高層マンションのエントランスで佐藤さんと待ち合わせをしました。

「はじめまして、佐藤さん。今日はよろしくお願いします」

「ええ。こちらこそよろしくお願いします」

名刺交換と簡単な挨拶、物件についての確認をおこないます。

「部屋は18階でしたよね。眺望が良さそうで実は楽しみにしているんです」

「以前にお送りしている図面にもありますが、60平方メートルの1LDK、部屋も広くて見晴らしも良い部屋です。きっと管理物件の担当者さんとして気に入ると思いますよ」

エレベーターで18階に到着。ズラッとドアの並ぶ長い廊下の奥に、その部屋はありました。

「ここです。これが部屋の鍵なので早速部屋の中を見てください。私は一本電話をしなければならないので後から入ります。よろしくお願いします」

「はい。わかりました」

佐藤さんは足早にエレベーターホールの方へ戻っていきます。

「きっと聞かれたくない内容なんだな」

そう思いながらも受け取った鍵をシリンダーに差しロックを外しました。そして玄関の扉を開けたのです。

玄関先から見える室内の様子はリビングの大きな窓から差し込む光でとても明るい印象を受けるものでした。しかし、次の瞬間……

「うっ！」

室内から流れてきたその臭いを嗅いだ瞬間です。一歩二歩と後ずさりしながら玄関のドアを乱暴にバタンと閉じてしまいました。

「なんで……？」

玄関ドアを開けた先、室内の奥側から漂ってきた臭いには強い印象がありました。

「なんで、ここであの部屋の臭いがするんだ？」

数週間前に経験した御札の部屋のことが頭の中をグルグルと回ります。そして気づきました。あのときに入った御札の部屋の臭い。あの臭いは、1人で入室したときと、その翌日に2人で入ったときとでは、まったく違っていたのです。

「この部屋に入ってはいけない」直感的に、そう思いました。

「佐藤さん。佐藤さん！」

玄関の鍵を閉め、電話をしていると言っていた佐藤さんを追いかけてエレベーターホールに向かいます。そしてエレベーターホールでひとり佇んでいた佐藤さんがこちらを振り返ります。電話はしていません。

「どうしたんですか?児玉さん。大声を出して」

「どうしたんですか、ではないですよ。あの部屋はなんなんですか？」

佐藤さんの顔色が変わります。

「あの部屋は何って、児玉さん、何かあったんですか？」

「えっ？　私の身には何もないですけど、でもあの部屋では何かがあったでしょ。それを聞いているんです」

「何かがあったって……あの……児玉さん。それはどちらで聞きましたか。一部でニュースにはなりましたが、場所は完全に伏せられていましたので、近辺では噂にもなっていないはずです。隣の部屋の人と会ったのですか？　それとも向かいの入居者ですか？」

「誰にも会ってはいません。でも、ニュースになるようなことはあったんですね。それはなんですか？　管理をさせていただく上でもそれは重要な内容ですよ」

「室内で……集団自殺がありました」

「やっぱり……」

「やっぱりってどういうことですか？　児玉さん」

「いえ、こちらの話です。ご依頼いただいたときになんで言ってくれないんですか。こんな高額マンションでそんなことがあったら、ご要望の運用方法を実施するのはかなり厳しい状況となります。もしかして弊社にご連絡いただいた理由も……」

「すみません。方々に断られ。御社では、なんでも。と謳っていらっしゃったので」

「それはそうですが、このような状況は引き受けられませんという内容もしっかりと書かれていますよ」

「それはわかっていたのですが、本当にオーナーは困っているんです」

「わかります。わかりますが、今回の案件については申し訳ありません。管理をお断りさせてください。弊社では荷が重すぎます。こちらの鍵はお返しさせていただきます。玄関の鍵はかけておきました」

佐藤さんにはこのようにお答えして、室内を見ることもせず鍵をお返ししました。

「ではこちらの物件を運用するオーナーはどのようにすればいいんですか？　自殺されてしまって資産価値が下がり、この状態で物件を売ってもローンだけが残ってしまいます」

「それは……」

これが、佐藤さんと交わした最後のやりとりになりました。


今回の経験でひとつ仮説を立てることができました。あの〝御札の部屋〟に一人で入室した際の臭いが他でもした場合、そこは凄惨なことが起きた現場なのかもしれないということ。

つまり、その臭いがした部屋には立ち入らない方がよいのではないか、ということです。

事実、その臭いは良いものではありません。どちらかといえば後ずさりしたくなるほど嫌な感じを受けます。では、その臭いがどんな臭いなのか。ゴミ臭、カビ臭、腐敗臭、湿気、薬品など、どの臭いでもありません。強いて言えば、人の家に入ったときのような臭い。その家、部屋の独特な臭いなのです。私は、なかなか言い表せないこの部屋の臭いを【御札の部屋の臭い】と名付けました。そしてこの後も時折、その臭いのする不動産に鉢合わせをすることとなります。

きっと私はあの御札の部屋に臭いを覚えさせられてしまったのです。これが良いことなのか悪いことなのか。このときの私には判断をする術がありませんでした。

まだ事故物件公示サイトが世に名を轟かす前の話です。

#002

簡易報告書

東京都心部
分譲高層マンション

図面なし

【概要】

・18階の当該物件の玄関扉を開けた瞬間、身体に変調をきたす
・当該物件で集団自殺が発生していた事実が発覚
・以前にも心理的瑕《か》疵《し》のある物件で同様の変調を感知しているが、因果関係は不明

【経過】

物件管理契約を見送り

#003

本当にヤバいモノ

サラリーマン時代の話です。

その物件の1階にある一人暮らし用20平方メートルほどの1Kタイプの部屋では、高齢の男性が生活をしていました。しかし近所付き合いもなく、建物の出入り口などで会って挨拶をしても返してくれず愛想もない、そんな方だったそうです。そしてあるときから建物の住人たちはその男性の姿を見かけなくなります。それから約2カ月後、その男性は室内で変わり果てた姿で発見されることとなります。

それからさらに1年ほど経った頃、売りに出されたこの建物を購入したのは、私が担当しているオーナーの伊東さんでした。伊東さんは何棟も物件を所有している方で、今回の物件もご自身のコミュニティで紹介された価値ある一棟もの物件とのことで、事故物件ではありますが購入を決めたそうです。所有権が伊東さんに移動してすぐ、いくつかの空き部屋と1階の孤独死のあった部屋を確認しました。

その孤独死の発生した部屋は、最低限の特殊清掃のみを実施した、そんな印象を受ける部屋でした。一人暮らし用の室内に生活用品はなく、紙で作られたカーテンがかけられていることと、床の一部が切り取られており、そこに雑に蓋のようにベニヤ板が置かれていることが印象的な部屋でした。そしてやや腐敗臭が残っている気もします。

「伊東さん、他の空室は簡易リフォームでいけそうですが、この部屋は特殊清掃をもう一度実施した方がいいかもしれませんよ。少しですが腐敗臭がします」

「おかしいな。物件を購入する前にも室内に入ったけど、こんな臭いはしなかった」

「臭い戻りを起こしたのかもしれません。今の状態で清掃完了とせず、リフォーム前に私たちでも特殊清掃をした方が運用上安心できると思います」

「そうしよう。早速、見積もりを立ててもらえますか」

「わかりました」

このようにして、前オーナーが特殊清掃を実施したにもかかわらず、室内に腐敗臭が発生していたため、再度、特殊清掃を実施することになったのです。


2週間後。特殊清掃をお願いしていた業者の責任者より連絡が入りました。

「児玉さん、特殊清掃が終わったので室内の確認をお願いしようと思って連絡しました。明日の夕方か明後日の朝イチの予定はどうですか？　私も同席しますので」

「どうもありがとうございます。予定ですよね。ごめんなさい。明日は先約があって行けません。明後日も午前中に用事が……。とりあえず明後日の午後、現地の鍵を使ってひとりで室内を確認します。気になる箇所があったら改めて連絡しますので、よろしくお願いします」

「わかりました。では、児玉さんの確認次第でリフォームの段取りに入るので、改めて連絡をくださいね」

「了解しました」

室内確認を約束した当日の午後、予定通り私はマンションの1階にある孤独死部屋の前にいました。鍵をシリンダーに差し込み扉を開けて室内に入ります。

室内は綺麗に特殊清掃が完了しており、腐敗臭も消えていました。穴の開いていた床も閉じられ、部屋の中を一周見終わる頃にはリフォームに取りかかっても問題ないと判断可能な出来栄えです。

「よし。綺麗に完了している。リフォームをお願いしても問題なさそうだ」

そうつぶやきながら部屋を出るために玄関のドアノブに手をかけたときに異変が起こります。

これまで感じたことのない悪寒が背筋を走ったのです。

「なんだ？　これ……」

背筋の寒さと後ろを振り向きたくなる衝動から、玄関のドアノブを握った形で動くことができなくなりました。部屋の広さは20平方メートルほどです。振り向けば何があるのかはすぐ見渡せます。

しかし、後ろを振り向いてはいけない気もする。ドキドキと鼓動が速くなり、息切れがします。次の瞬間、息を大きく吸い込み、ふうぅと吐き出したその勢いで真っすぐに前を向いたまま玄関を出て、後ろ手でドアを閉めました。

「今のはなんだったんだ？」

悪寒が消え、不思議に思いましたが、再び部屋の中に戻る気はしません。鍵を閉めて業者の責任者に連絡を取ります。

「あっ、児玉さん、どうでした？　大丈夫だったでしょ？」

「ええ。部屋は綺麗になってました。続いてリフォームに移ってください」

「かしこまりました。では段取りを組みますね」

「あと……」

「えっ？　何かありました？」

「あの部屋で何か異変はありませんでしたか？」

「いやぁ、あの部屋に関しては何もないかなぁ」

「わかりました。それならいいんです」

「何かあったら、お伝えしますよ」

「何かあったら困るんですけど……まぁ、よろしくお願いします」

数日後。その日は週末で、年に一度、管理を任せてもらっている建物所有者の皆様方が一堂に会するオーナー会が開催される日でした。その会の懇親会時に私と同じテーブルで向かいに座ったのは、吉田さんという自称霊感が強いという少し癖のあるオーナーでした。

「吉田さん、先日、事故物件の特殊清掃後の状況確認で現場へ行ったのですが、部屋を出るときに強い悪寒を感じて動けなくなってしまったんです。そのときに後ろを振り向きたくなったんですが、そこはグッと堪えてそのまま振り返らずに外に出たんです。でも、清掃責任者に確認してもおかしなことは起きてないと言われるし。こんなことって、あるんですね」

そんな話を吉田さんにお伝えしました。すると……

「児玉さん。それは振り返らないで正解だったよ」

「そうなんですか？」

「そうだよ。いつもはいないかもしれないけど、きっと児玉さんが玄関にいたそのときは何かがいたんだと思うよ」

「何がいたんですかね……」

「それはわからない。でもこれだけは覚えておいて。児玉さんは後ろを振り向きたくなったと言っていたけど、そういうのは後ろにはいないから」

「え？　それじゃあ、どこにいるんですか？」

「上だよ」

「上……」

「ヤバいモノは、後ろではなくて、上にいるんだよ」

気持ちの悪いことを言われました。特に最後の言葉はしばらく頭から離れなかったのですが、その言葉も日々の仕事に追われ時間が経つにつれて薄れていきました。そんなときに、例の部屋のリフォームが終わったと連絡が入ったのです。

リフォーム完了の確認には、私ではなく私の部下が対応しました。たまたま別の案件の対応があり、私が現地に行けなかったというのがその理由です。特に問題もなく工事は完了となり、入居者の募集活動が始まりました。

その物件は駅に程近い一人暮らし用のマンションということもあり、オーナーが購入したときに空室だった部屋も含め、すでに全室入居者がいる状態でした。今回新たに募集を始めたその部屋は事故物件ではありましたが、家賃を相場の4割引きという設定にしたため、そんなに時間はかからずに入居者が決まるだろうと考えていました。実際、毎日のように室内の内見依頼が入っていましたが、なかなか成約となりません。入居希望者を部屋によく案内してくれる賃貸仲介業者の担当者に何が原因で部屋を見送られたのか、と理由を問い合わせてみると次のような回答が返ってきました。

「部屋に案内するまではすごい乗り気な人が多いんです。もちろん事故物件であることは事前にお伝えしていますよ。室内に入り、部屋の中を確認しているときも事故物件だけれど金額も安いし立地も悪くない。決めてしまおうかと。ここまではいくんです。でも最後、部屋を出た後には決まって……『この部屋はやめます』と言って意見が正反対になるんです。私はそんなお客様をもう3組も見ています。あの部屋、ヤバくないですか？」

結局この後も入居者は決まらず、2カ月が経過しようという頃、さすがにおかしいと室内の確認に行きました。

部屋に入ると、至って普通の部屋となっていました。特殊清掃後のガランとした空間というわけでもなく、壁紙、床材、設備などの諸々が綺麗に整っていました。よくある、室内に下水の臭いが上がっていたり、下水からくる小さな虫が発生したりしているわけでもありません。逆に室内には埃《ほこり》ひとつなく、いつでも住むことが可能な状態となっていました。

「どうしてこれで決まらないんだ？」

室内を歩き回り、設備関係の動作確認をしながら見渡すも、何も異常は見当たりませんでした。

「やっぱり、金額を安くしても事故物件というところが引っかかるのかな」などと思いながら部屋を出ようと玄関のドアノブを握ったその瞬間、やはり強烈な悪寒を背中に感じ、後ろを振り向きたくなる衝動に駆られました。今回も前回と同様に真っすぐ前だけ見ながら室外へ出ようと考えたのですが、ふと脳裏にあの言葉が浮かんだのです。

『ヤバいモノは、後ろではなくて、上にいるんだよ』

迷いました。見る必要はないのです。そのまま外に行けばいいだけ。だけど無意識に私の身体は動いていました。バッと私は上を向いたのです。

「……なんだ……。何もいないじゃないか」

何もいなかったことに安心したのか、悪寒はなくなり、そのまま外に出ることができました。

「結局上には何もいなかったな。吉田さんの冗談だったんだろうか。でも今回も悪寒はしたなぁ。あれはなんなのだろう」

数日後、会社で事務仕事をしていると、吉田さんと話していると思われる同僚がいました。ジェスチャーで電話を交代してくれとお願いしながら会話が落ち着くのを待ちます。

電話を交代した私は開口一番で吉田さんに伝えました。

「先日の懇親会のときにお話しした部屋のことを覚えていらっしゃいますか？」

「ええ。覚えてますよ。悪寒のする事故物件の話でしょう」

「そうです。実はまだあの部屋は成約に至ってなく、数日前に部屋の確認へ行ったんです。そうしたら、玄関を出るときにまた悪寒がして……。吉田さんおっしゃっていたじゃないですか。ヤバいモノは上にいるって。だから今回は上を見てみたんです。でも何もなかったんですよ。

ということは、あの部屋にはヤバいモノはいないってことでいいんですよね」

するると、自称霊感の強いという吉田さんは急に……

「ハッハッハ！」

突然大声で笑いだした吉田さんに驚く私。そして思わず質問をしてしまいました。

「ど、どうしたんですか？　吉田さん」

「いやいや、これはすごいよ」

「何がですか？」

「児玉さんは本当に運がいい。という話だよ」

「いや、吉田さん。話が見えません」

「確かに私はヤバいモノは上にいると言ったよ。でも実はこれには続きがあるんだよ」

「続き……ですか？」

「ヤバいモノは上にいるけれども、本当にヤバいモノはやっぱり〝後ろ〟にいるんだよ」

吉田さんの言葉の意味が、私には理解できませんでした。

「そのときに後ろを振り返らなくてよかったね。児玉さん」

「吉田さん。それではもし私が後ろを向いていたら、どうなっていたんですか？」

「どうなったかはわからないけど、これまでとは違う状態になっていたかもしれないね」

「違う状態……。危険だったということですか？」

「そうかもしれない。でも、大丈夫だったじゃないか」

「それは結果論です。なぜ、本当にヤバいモノという、その続きを最初から教えてくれなかったんですか」

「本当にヤバいモノに出会うことなんて、普通はないからだよ」

「えっ？　吉田さん。その〝本当にヤバいモノ〟というのはなんなのですか？」

「知らない方がいい。そういうものだよ」

吉田さんは言葉を濁します。

「……。では、それはあの部屋にこれからも居続けるんですか？」

「そうだね。多分、しばらくは……」

私は言葉を失いました。しばらく居続けるという本当にヤバいモノとは一体なんなのか。

「児玉さん。あの物件は伊東さんのものなんだろ？　この前、伊東さんから連絡が来たよ。あの部屋はしばらく誰も入らない方がいい。よく清掃やリフォームの業者の人が大丈夫だったものだよ。運が良かったのか、何かに守られていたのか。とにかく私からも伊東さんに連絡しておくから、明日の朝にでも児玉さんから連絡するようにね」

「わかりました」

呆然としている間に話が進んでいました。

　翌朝、伊東さんに連絡すると、すでに吉田さんから連絡が入っている様子でした。

「吉田さんから連絡をもらってね。あの部屋はしばらく放っておいた方がいいらしい。なかなか部屋も決まらないようだし、児玉さんも変わった経験をしたそうだね。しばらく部屋は貸し止めにするよ。開かずの間だね」

「わかりました。では貸し止めにします。部屋を決めきれず申し訳ありませんでした」

「いや、気にしないで。吉田さんの話によれば、それは児玉さんたちが原因ではないから」

「はあ……。ちなみに吉田さんとはどんな方なんですか？　ざっくりとは知っているのですが。伊東さんは吉田さんのことをよくご存じのようなので、教えていただけませんか？」

「ん？　ええと……有名な人だよ」

　結局、伊東さんの口から吉田さんの詳細は聞くことができず、自称霊感の強い有名な人という印象を新たに持つこととなりました。

　ヤバいモノは〝上〟、本当にヤバいモノは〝後ろ〟、室内で強烈な悪寒を感じた際にどちらを向くべきか。これは事前に決めておいた方がいいかもしれないと、私はそう思うようになりました。

#003

簡易報告書

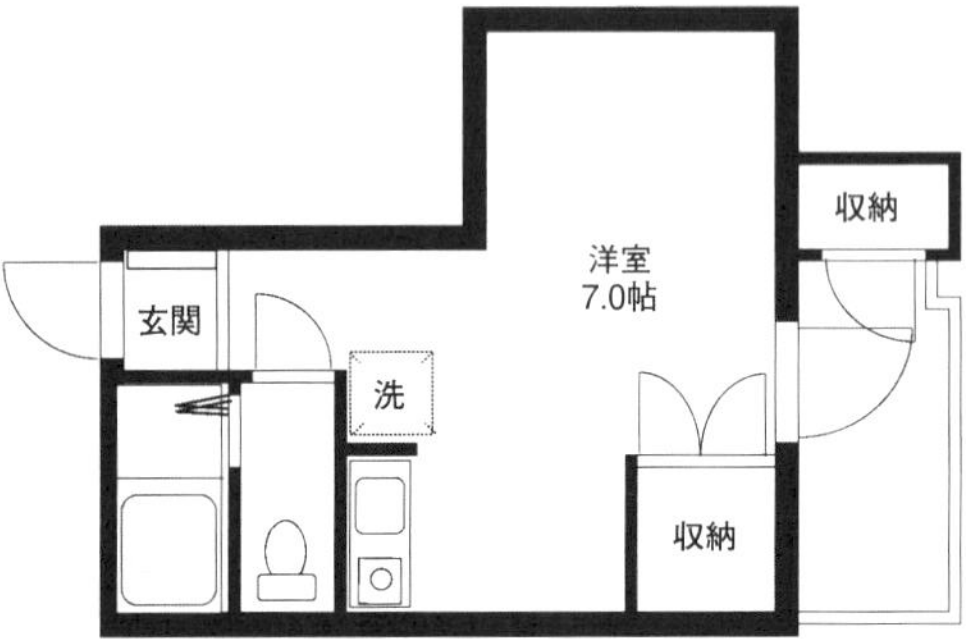

東京都23区内
単身用賃貸マンション

【概要】
・1階入居者の男性が物件内で孤独死し、2カ月後に発見
・当該物件にて、退室時に背後に強い違和感を覚える
・複数の入居希望者にも同様の現象が生じている可能性あり

【経過】
当該物件は当面貸し止め

#004

浴室の点検口

浴室で目を閉じて頭を洗っている際に背後が気になる、泡にまみれながらも背後を確認してしまった、という経験をお持ちの方は多いと思います。また、中には背後が気になりすぎて目をつむったまま頭を洗えないという方もいらっしゃると聞きます。しかし、実際に確認しても鏡を覗いても、背後には何もいなかったでしょう？

だって、それらは〝後ろ〟ではなく〝上〟にいるのですから……。


通常、浴室の天井には穴が開いています。その穴の存在理由は天井裏の点検をするための出入り口なのですが、どうも点検以外の使い方が見受けられる部屋もあるようです。

サラリーマン時代の話です。その日は溜めてしまっていた事務作業を片付けるために朝から会社に籠っていました。あくびを噛み殺しながらも少しずつ作業を進めているとき、私が担当している物件の入居者から連絡が入りました。

「ご連絡ありがとうございます。担当の児玉です」

「いつもお世話になっております。２０３号室の田村です」

入居者情報を確認すると、３階建て一人暮らし用のマンションに住まわれている80歳のお婆さんということがわかりました。

「こちらこそお世話になっております。本日はどうなさいましたか？」

「実は……」

言い淀む田村さん。数秒の無言の時間が流れます。

「お風呂の天井に穴が開いてますでしょ。その穴から室内に男性が入ってくるのです」

田村さんの言う天井の穴とは点検口です。浴室の点検口内は部屋の壁に沿って閉じられているため、外部から人は入ってこられません。

「お風呂の点検口から男性が入ってきたのですか？」

「はい。私、ビックリしてしまって。そのときはすぐに点検口に戻ってくれたのでなんにもなかったのですが、最近では、私が留守の間に食事をしていたり、部屋の中を物色して持ち帰っているのか、物が段々と減っていったりするんです。なんとかしていただくことはできませんか？」

「わかりました。お伺いさせていただきます。スケジュールは……」

田村さんの部屋に伺う約束を取り付けたものの、正直なところ浴室の点検口から人が侵入してくることは考えにくく、田村さんが高齢なこともあり認知症の可能性も考慮しました。

入居者情報を見てみると、緊急連絡先として近隣に住んでいる娘さんが登録されていることがわかりました。念のため娘さんにご連絡し、田村さんからのご要望のことと、部屋に訪問することを伝えました。また、当時私が勤務していた管理会社では、入居者からのご要望について、普通ではない状態への対応時には2人体制で行動するように指示が出ていました。そのため、田村さん訪問時には私と部下の岡山と2人で現場に向かったのです。

そのマンションは3階建て。各階に6室ずつ部屋が割り振られています。そして田村さんの部屋は203号室。建物の中でもちょうど中心部分に位置しています。

「児玉さん、今日お会いする田村さん。そのお婆さんは浴室の点検口から男性が入ってくるって言っているんですよね。203号室の上下左右の入居者さんで怪しい人はいるんですか？」

部下の岡山から、質問がありました。

「いないなぁ……。マンション自体に女性が多いんだよ。203号室の周囲の部屋は全員女性だよ。それにそもそも、浴室天井裏を使って移動なんてできないし……」

「そうですよね……。それじゃあ、お婆さんの言っている男性ってなんなんですかね？」

「わからない。とりあえず、現場を確認して田村さん母娘《おやこ》の話を聞いてみよう」

「娘さんもいらっしゃるんですか？」

「合流するって連絡が来てたよ。とりあえず室内に入ったら……」

物件に到着するまでの移動時に役割分担を決め、質問内容の確認をおこないました。

ピンポーン……。203号室のインターホンを鳴らします。

「はい。こんにちは。わざわざすみません」

田村さんの娘さんが玄関ドアを開けてくれました。愛想の良さそうな女性です。

「はじめまして。管理担当の児玉です。室内の確認にお伺いさせていただきました」

「ありがとうございます。よろしくお願いします」

「こちらこそ、よろしくお願いします。では早速、入らせていただきます」

２０３号室の室内は、乱雑に物が置かれている生活感の強い部屋となっていました。玄関には下駄箱に入りきらない靴が山と積まれ、散らかっていた物を雑に部屋の隅に追いやった。と、そのような印象を受けました。

18平方メートルほどの一人暮らし用の部屋。その中心に小さなテーブルがあり、その横の小さな椅子に座っている老婆がいます。電話をかけてくれた田村さんです。

「田村さん。こんにちは。先日電話を受けさせていただいた児玉です。今日はよろしくお願いします」

「点検口の中をしっかりと見てください」

「わかりました。では早速確認しますね」

浴室は3点ユニットバスという、浴槽と洗面台とトイレがひとつのスペースに組み込まれている仕様でした。持参した脚立を使い点検口の中を覗きます。

点検口の中は通常、隣室や別階につながっていることはなく、しっかりと部屋の広さに合わせて仕切られています。２０３号室も同様の造りとなっており、隣室や別階から人が入り込める余地はなく、その痕跡もありませんでした。本来であれば、田村さんご本人に脚立で上がって中を確認してもらうのが一番いいのですが、さすがに80歳の方には厳しいため、デジカメを使い四方プラス上部の写真を数枚ずつ撮影して、そのデータを確認していただきました。

写真をご覧いただきながら建物の構造についても説明をしたのですが、

「いや、児玉さん。写真ではそうなのかもしれないけれど、それでも男がそこの点検口から室内に入ってくるんです。そして私の食事に手をつけ、部屋を物色してその点検口から帰っていくんです」

「田村さん、そうはおっしゃられますが……」

「なんで信じてくれないの！」

80歳の老婆が叫びます。

恐らく困った顔をしていた私と、驚く部下の岡山。その様子を見ていた娘さんが言います。

「お母さん、いい加減にしてよ。こんな狭い部屋でどうしてそんなことが起きるのよ。児玉さんやその部下の方にも迷惑がかかってるんだよ。本当にいい加減にしてよ！」

「何を言っているのあなた。あなただって……」

口論となっている母娘の会話に割って入るように、私が言います。

「ええと……すみません。点検口から出入りするのはやはり厳しいかと思います。今回は脚立を使っていますが天井までの距離もあるので……」

「浴槽の縁に足をかけたら上れるでしょ」

「はい。おっしゃる通りです。できないことはないです。しかしそんなに強度がある部分でもないため、出入りするのはやはり厳しいと思います。また、もし点検口の中に入れたとしてもそこからはどこにも行けません。先ほど写真も見ていただきましたが、しっかりと仕切られていますよね。なので……管理会社としては、浴室の点検口からは人は出入りできない、と判断するしかありません。お困りの中、ご連絡をいただいたのに申し訳ないですが、これ以上お役に立つことができません。すみません……」

「そうですか。信じてはいただけないということですね。残念です」

その後、娘さんに呼ばれた私は、ベランダに出て今後についてのお話をさせていただきました。

「浴室の点検口からの出入りのお話ですが、やはり現実的に考えて厳しいのかな。と思います」

「はい。そう思います。私も点検口の中を見させていただきましたが、しっかりと仕切られていましたし、あそこで誰かが出入りすることは無理だと思います」

「大変失礼ですが、お母様のご様子は以前からあのような感じなのですか？」

「以前はそんなことはなかったのですが……ここ数カ月で……。認知症の疑いもありますので病院へ行ってみたいと思います」

「そうですか……」

「今回はお手間をかけさせてしまい申し訳ありません。今後については、母から連絡が入った場合は私に教えてください。私の方でその内容を判断して、その上で私からお願い事をさせていただければと思います。また、御社から母へ何か連絡をする場合でも私を窓口としてください。よろしくお願いします」

「わかりました。今後はそのようにさせていただきます」


私が娘さんとお話ししている間は部下の岡山が田村さんと雑談をしており、嫌な雰囲気もだいぶ和らいできていました。

「それではこれで失礼させていただきます」

「今日はどうもありがとうございました」

と娘さん。田村さんはというと、どことなく憮然とした表情を浮かべています。

玄関で靴を履き、ドアを開けて岡山が先に部屋を出ます。その後を追うように私も靴を履き外に出ようとするのですが、かたわらに積み上げられていた靴の山に私の足が当たり、その山を一部崩してしまいました。

「あっ、すみません。直します」

崩れた靴の山を見て違和感を覚えました。と、すかさず娘さんが言います。

「ああ、大丈夫ですよ。こちらでやりますので」

私たちに崩れた靴の山を見せたくないのか、その前に立ち、自身のはいているロングスカートで死角を作ろうとする娘さん。

あ、ええと……。私が言い淀んでいるうちに、半ば無理矢理室外に追いやられ、

「ありがとうございました」

という一言と共に、バタン！と扉を閉められ、次の瞬間、ガシャッと玄関のロックまでかけられてしまいました。

「なんだ？　最後は慌ただしかったですね。しかもすぐ鍵までかけて。ちょっと失礼な感じですね。そう思いません？　児玉さん」

「まあ、俺もそう思うけど……それよりも靴の山が崩れた後の状況を見たか？」

「見ましたよ。すぐに娘さんが間に入ってきたから定かではありませんが、男物の革靴らしきものが片方転がりましたよね」

「やっぱりそう見えたか。俺にもそう見えたんだ。あれ、全部田村さんの靴だろ。小さかったもんな。その中に一足だけ大きな黒い革靴。あれはなんだ？　男性の出入りの件もあるし、確認させてもらおう」

どうしても気になってしまったので、２０３号室に戻り、再びインターホンを押します。

「はい」

インターホン越しに娘さんが出ました。

「すみません。児玉です。室内で気になることがあったので確認したいんです。ドアを開けて

もらってもいいですか?」

　私たちは田村さんからの依頼があって部屋に来ているわけです。当然室内で確認したいことがあるとお伝えすれば、室内に通してくれるものと思い込んでいたのですが、思いもしない回答が戻ってきました。

「いいえ。今日はもうお帰りください。私たちには用事がありますので」

　冷たく突き放す感じ。さっきまでの愛想のいい感じはどこにもありません。

「お時間はいただきませんので確認だけ……」

「お断りします。お帰りください」

　取りつく島もありませんでした。

「……はい。わかりました」

　なぜ態度が急変したのか。その場にいた私たちにはまったくわかりませんでしたが、状況的には帰らざるを得ません。黒い革靴の確認はできず終いとなりました
　2時間ほどかけて帰社すると、事務方の女性部長が声をかけてきました。

「児玉君、今日はあのマンションの高齢の入居者さんと会ってきたんでしょ」

「はい。田村さんですよね。娘さんとも合流して室内で会ってきましたよ」

「さっき、退去の連絡が入ったんだけど、なんか問題があったの?」

「ないですよ。岡山と一緒に現場に入って浴室の点検口を確認して、今後の連絡方法なんかを

娘さんとお話ししてきた。そんな感じですよ。なぁ」

「あと、田村のお婆ちゃんと僕が雑談していたくらいです」

「そうなんだ。でも正式な解約通知には即日退去と記されていて、退去日までの1カ月分の家賃をはじめとする精算金についても全部入金されたわよ。少し余分に入金されているから返金が発生するとは思うけど」

「本当ですか？　退去するような素振りなんて全然なかったですよ……」

詳細を確認しようと娘さんに連絡をするも、電波の届かないところにいるか電源が入っていない、とのことでした。

「岡山。明日もう一度物件に行ってみよう。娘さんの住居も近くにあるから、そっちにも行きたい。スケジュール調整できるか？」

「できますよ！　行きましょう」

翌朝、田村さんの部屋に行って驚愕しました。扉に鍵はかかっておらず、声掛けしても反応なし。恐る恐る室内を覗くとキッチンに鍵が2本置いてあるだけで、部屋には何もありませんでした。

「おい、これはどういうことだと思う？」

「わからないです。昨日の夕方から荷物をまとめてそのまま引っ越したということだと思いますが……」

　室内に入りますが、部屋はまさにもぬけの殻。何もありません。

「おいおい、夜逃げじゃあるまいし、昨日まであんなに生活感があったのに、なんで部屋に何もないんだよ。おい、娘さんのマンションに行くぞ」

　近所にある娘さんのマンションに行くも、２０３号室と同様、部屋の鍵は開いていました。そっと室内を覗いてみると、見える範囲においては何も物がない状態でした。

「早すぎる引っ越しではあるものの退去に関する資料に不備はないし、金銭的な問題もない。部屋も綺麗に明け渡してくれている。浴室の点検口の中を再度調査したけれども異常なし。当然事件性もなかった。余ったお金の返金も完了。何も問題はないよね。連絡が取れないだけでさ」

　今回の入居者の行動について会社に報告を入れた後の回答です。不審点はあるものの業務上異常なし。との会社判断です。こうして今回の件について私は、入居者の田村さんに綺麗に縁を切られてしまった形となりました。

「児玉さん。あの黒い一足だけの革靴はなんだったんでしょうね」

　そう。あのとき一瞬見えた黒い革靴は誰のものだったのか。浴室の点検口ではないにしても、男性が出入りしているという田村さんからの訴えは本当だったのか。娘さんの豹変と、常識を外れた速さでの引っ越しは何を意味していたのか。その後、あの母娘はどうなったのか。結局、今も何ひとつわからないままです。

#004

簡易報告書

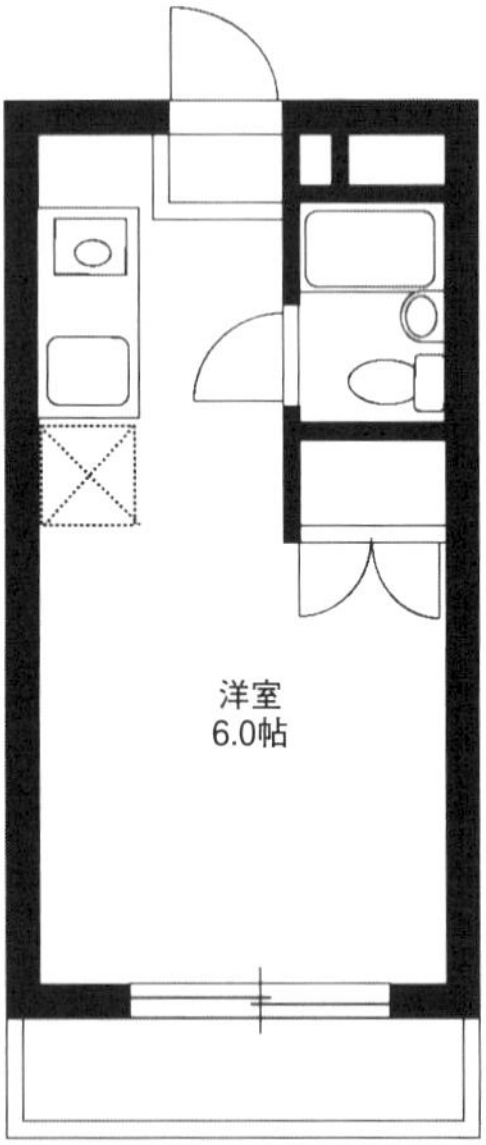

関東近県郊外
単身者用賃貸マンション(鉄骨造3階建)

【概要】

・203号室の入居者から、浴室点検口から不明男性が出入りしているとの報告あり
・入居者とその娘が同席のもと現地調査を実施するも、異常なし
・室内にて違和感のある物品を目視するが、入居者が調査を拒否し詳細不明

【経過】

調査翌日、入居者が即日退去(退去理由不明)

#005

気遣い人形

サラリーマン時代の話です。

建物全体が白に統一された見栄えの良い2階建ての木造アパートがありました。そのアパートは女性専用で、近隣にある大学に通う学生をメインターゲットとした一人暮らし用の築年数の浅い建物でした。

ある冬の朝、アパート近くにある大学の職員から連絡が入ります。
「御社で管理されているアパートの105号室に住んでいる白根さんの件でご連絡しました」
「はい。どうされましたか？」
「学生からの連絡を受けまして、ここ4、5日ほど、白根さんが大学に来ていないそうです。携帯電話にかけても一切連絡がつかないそうなので、もし何かあったらと思い、調べていただきたくご連絡しました」

それは入居者の安否確認の依頼でした。どうやら105号室に住んでいる白根さんの友人が無断欠席を続ける彼女を心配し電話をかけ続けたが、ついに電話もつながらなくなったために学生課に相談したという、そのような流れのようです。

大学からの依頼を受け、室内に入るための準備を進めつつ、契約者であり緊急連絡先でもある白根さんのお母様に連絡をしました。

「アパートの管理会社の児玉と申します。大学から連絡があり、安否確認の要請が来ています。お母様の方で娘さんと最後に話をされたのはいつ頃となりますか？」

「私にも学校から連絡がありました。最近連絡がつかなかったので心配していたんです。通話履歴を見ると最後に話したのは4日前です。こちらから電話をしても出ないし、昨日からは電源も入っていないようなんです。心配なので明日、部屋に行こうと思っていたのですが……」

「そうですか。お母様、いかがしますか？　明日私たちが一緒に同行することもできますし、緊急対応としてこの後に当社で室内確認をすることもできますが……」

「この後、仕事を切り上げて私も現地に伺います。到着はお昼過ぎになってしまいますが、現地にてご同席していただいてもよろしいですか？」

「わかりました。では本日、現地でお会いしましょう」

その後、アパートのエントランス部分でお母様と合流し、105号室のインターホンを鳴らします。反応なし。ベランダ側から室内を覗いてもカーテンがかかっていて確認が取れません。嫌な予感がしつつもお母様の許可をいただき、鍵を開け室内に入ります。シン……と静まった室内。白根さんご本人は、浴室のすぐ脇で倒れられていました。

後日、警察からの通知によると、死因は心臓発作であり、死後3日ほど経過していたとの見解でした。事件性はなく、冬場ではありましたが亡くなった白根さんはエアコンやストーブ、ホットカーペットなどの暖房器具を使用しておらず、寒い室内の中で倒れられたために腐敗することなく発見に至ったということでした。不幸な出来事ではありましたが、火事も起きず、部屋が事故物件とならなかったことは白根家と建物所有者にとって、せめてもの救いとも受け取れます。

白根さんの死後、ご遺体の回収や検死、葬儀の実施などがあったため、結局室内の遺品整理に取りかかったのは、あの日部屋を訪れてから1カ月半ほど経過してしまった後でした。白根さんは母子家庭で育っており、片付けに際しても人手はお母様のみ。そのため、遺品整理を一緒にお手伝いすることとなりました。

白根さんの部屋はその年代の女性に見合った洋服や雑貨などが所狭しと並んでいましたが、几帳面な性格だったのでしょう。綺麗に整理されており、量としてもそう多くはありませんでした。昼前に105号室でお母様と待ち合わせし、会社からは私と上司である部長の2人で現場に訪問、整理をお手伝いしました。

遺品整理を実施すると、室内のあらゆるものの確認、取捨選択が必要となります。通帳、印鑑などの貴重品はもちろん、この雑貨は必要、この服はいらない、この帽子は……他にも、化粧品、手帳、写真、これらの確認をすべてお母様にお願いする必要があります。お母様はやさしく、几帳面な方だったので丁寧にかつ判断速くどんどんと整理を進めていきましたが、思いのほか時間を取ってしまい、気づくとすでに16時を回っていました。そろそろ日が落ち始める時間帯です。

　残すはベッドの周りにある格子棚のみとなりました。友人との写真や読み掛けの雑誌や本、電化製品、健康器具などが置いてあります。その中でひと際目を引く人形がありました。２頭身の妖精のような恰好をした、中性的で紫色のかわいい人形です。枕元にある人形なので白根さんがとても大事にしていたものなのだと感じました。しかし、勝手に残すものと決めるわけにはいきません。結果はわかっていましたが、お母様に一応のお伺いをたてました。

「お母様、この人形はどうなさいますか？　ベッド脇にあったので娘さんが大事にされていた人形だと思うのですが」

　そのように人形を見せながらお伝えしたのですが、お母様は思いもよらない言葉をピシャリと言い切りました。

「その人形はいりません。捨ててください」

　人形を一瞥もせずに、そう切り捨てました。

「そうなんですか？　でも……」

　言葉をつなげようとしたときにお母様の携帯電話が鳴りました。

「すみません。電話に出てきますので席を外します」

　お母様はそう言って、足早に室外へ出ていきました。その後ろ姿を見送った後、

「部長。お母様、その人形については即答でいらないと判断されましたね。さっきまではひと

つずつ吟味しながら決めていたのに。見もしませんでしたよ。何かあるんですかね？」

「まあ、理由はわからないけどさ。きっといろいろあるんだって。いらないと言うのだから、いらないいんだよ。それよりも、そろそろ仕上げないと日が暮れるし、疲れたし、ベッド回りを片付けて帰ろうや」

そのときです。


【ねぇ、そんなに忙しいの？】


ベッドの横。格子棚の下部から声が聞こえました。男性の声ではありません。かといって、女性の声でもないのです。中性的で子どものようにも聞こえるし、でも滑舌は良い。声の出た方を確認すると、妖精のような恰好をした2頭身の人形が目に入りました。

「ははは。部長、やめてくださいよ。気持ち悪い。どこから声を出してるんですか……」

「いやいや、お前だろ。今の声はなんなんだよ。ふざけんな！」

部長と私で顔を見合わせてしまいました。

「部長。私、何も話をしてないです」

「俺だってあんなことつぶやかない」

「でも聞こえましたよね」

「聞いちゃったなぁ……」

「部長。そうしたらタイミングを合わせてなんと聞こえたか言ってみませんか？」

「それになんの意味があるんだよ。気持ち悪くなるだけじゃないのか……」

「いきますよ。せーの……」


『ねぇ、そんなに忙しいの？』


声がハモリました。

「やっぱりそう聞こえたんですね」

「うっ。気持ち悪いし、寒けがする。とりあえず、外に出るぞ」

「はい」

ベッド側の格子棚を、特に人形を見ないようにサッと部屋の外に出ました。

「おいおい。あれは本当に人形の声だったのか？」

「わかりません。でも子どもみたいな声だった気もするので、人形だと思います」

「あの人形はしゃべる機能みたいなのが付いてるやつなのか？」

「たぶん、オウム返し的にお話しするタイプだとは思いますが、自発的にあんなことを言いますか？」

「言わないだろうな。だから、お母様はあれか。いらないって即断したのか？」

「何か知ってるってことですか？」

「わからないけど、そうかもしれない」

小声でボソボソと話していると、白根さんのお母様が戻ってきました。

「すみません。この後用事ができてしまったので今日はこれで」

「はい。わかりました」

話をしながら室内に戻り、遺品整理について最終的な確認作業をおこないます。

「こちら側は必要な物なので予定通り自宅の方へまとめて送ってください。あとの物はすべて処分で構いません。よろしくお願いいたします」

「かしこまりました。では……」

私が言いかけたその瞬間、部長が言いました。

「最後の確認ですが、ベッド脇の人形はいかが……」

その言葉を言い終えないタイミングで、お母様が叫びました。

「いらないって、言っているでしょ」

華奢なお母様のどこからそんな大きな声が出るのか。と驚くぐらいの怒鳴り声、そしてその剣幕にも驚きつつ、その場はお開きとなりました。

その後、その部屋については賃貸借契約が解消され、ご家族との縁は切れました。また、1

05号室については人が亡くなっていますが、事故物件ではありません。今も普通の部屋として入居者に住んでいただきながら運用は続いています。

件《くだん》の人形。あの言葉を発した人形はその後どうなったのか。実は室内に残されていた白根さんが使用されていたと思われるタオルケットに丁重に包み、処分してしまったのです。

「部長、この人形が明日、デスクの上に座っていたらどうします?」

「バカ。気持ちの悪いことを言うんじゃない。早く片付けるぞ」

まだ、この人形は私の手元に戻ってきてはおりません。

#005

簡易報告書

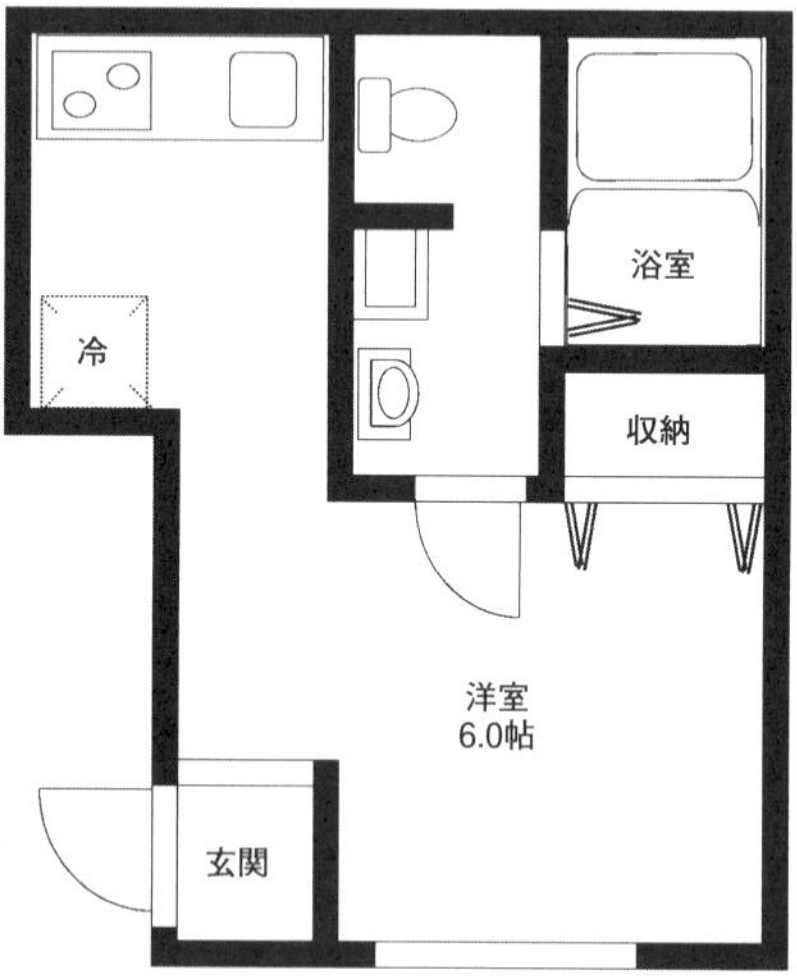

関東近県郊外
築浅女性専用賃貸アパート(木造2階建)

【概要】

・105号室の入居者の女性が、心臓発作によって物件内で急死
・事件性および遺体の腐敗がなかったため、事故物件に至らず
・室内の整理時、遺品である人形に異変が発生

【経過】

遺族が当該遺品の受け取りを拒否し、後日廃棄

#006

仏壇の花

サラリーマン時代の話です。

山間《やまあい》にある平屋の戸建て住宅の売却に携わったときのこと。その戸建ての所有者は木村さんという男性でお父様の相続でこの物件を引き継がれました。木村さんのお父様はかなりの資産家で不動産投資に熱を入れていたということもあり、亡くなられたそのときにはかなりの棟数の不動産物件をお持ちになっていました。また、几帳面な性格で相続人となる家族に不公平が出ないように遺言によって公平に遺産を分割、さらにはそれぞれに引き継がせる不動産の運用状況や懸念点、将来的な展望などを細かく記したメモを残していたということでした。

「不動産の分け方に文句はなかったよ。母親と私、あと2人の弟に対して父はよくそこまで公平に資産を分けたと思う。でもさ、不思議なことが起きたんだよ」

私に口を挟む隙を与えず、木村さんは続けます。

「父が持つ不動産については家族の誰もが大体の内容を把握していたんだ。だから父が亡くなった後の遺言書を確認しても、あれが誰にいったからこれは自分だよね。みたいに、納得のいくやりとりが家族の中で進められたんだ。それに、それぞれ個人に宛てた手紙もあって、そこには事細かく物件のことや父本人の想いも書かれていたから、身内で争う必要なんてなかったし、ここまでしてくれてありがたいと思っていたんだよ」

コーヒーを口にする木村さん。

「そんな中、私が引き継いだ不動産の中に知らない戸建て物件が混ざっていたんだ。私が知らなくても家族の誰かしらが知っていることもあるから、その戸建てについて皆に聞いてみたけれど、誰も知らない。そんなこともあるのかと、住所を確認してネットで場所を調べてみるとかなり山に近い物件なんだよね。ちょっと住むにしても不便だし、何より家が古い。廃墟ではないけれどもだいぶ年季が入った建物なんだ」

「でも木村さん。ここまで聞く限り、お父様は律儀な方だと思うんです。だから、メモを残してくれているのではないんですか？」

「そう。そう思うよね。だから確認してみたんだよ。そうしたら、他の物件のところには、なんで購入することにしたのか、どういう運用をしたのか、今後どうしたかったのかなどがびっしりと書かれているのに、その戸建てのメモには、購入した日付と入居者がいたこと、そして入居者がいつ家からいなくなったのか、以後空き家。とだけしか書かれていなかったんだよ」

「それは不思議ですね。そんな律儀なお父様なのに具体的なことを何も書かないなんて……」

「不思議でしょ」

「ご家族はその物件について何か言われているんですか」

「気持ち悪がっているよ。誰かに代わりに引き継いでもらいたかったけれど断られた」

「そうですか……。まぁ、そうなりますよね」

「それでね。使い道もないし、持っていても活かせないので売却しようと思ったんだ。それを手伝ってほしい。児玉さんの予定に合わせるから、一緒に物件確認に付き合ってよ」

話の途中から嫌な予感はしていましたが、このような経緯で木村さんの几帳面なお父様が何も詳細を残さなかったその不思議な戸建ての売却をお手伝いすることになったのです。

「物件はどのように売却されますか？」

「本当はそのままの形で売ってしまいたいんだけど、古い建物があったら売れないだろうな」

「そうですね。ご自身で解体しないまでも、事前に決めた解体費用を売却金額から差し引いて、引き渡しをされるのはどうです？」

「そんなことできるの？」

「条件次第ですけど可能です。ただ、解体費用については現場を確認してしっかり査定しないといけません。そのために物件確認をする際には、室内の状況と共に残置物の確認もしつつ、建物本体と併せて確認することで概ねの解体費用を算出する感じがいいと思います」

「わかった。そうしよう。では児玉さん、物件確認に行くのはいつにしようか」

翌週末となりました。物件確認の当日です。当初の予定では、車で木村さん宅に向かい合流。そのまま現地に行くこととなっていたのですが、前日の夜に木村さんが発熱しました。どうやら流行りの感染症に罹《かか》ってしまったようです。一旦は延期ということで話がついたのですが、一晩明けて、油断していた私に木村さんから電話連絡が入ります。

「児玉さん、申し訳ないけれどもやっぱり今日、現地に行ってもらえないかな」

「えっ？　ダメですよ。木村さん、熱が出てるんだから」

「いや、私はこれから病院に行くよ。現地に行くのは児玉さんだけ」

「私ひとりで行くんですか？」

「悪いけどお願いできないかな。延期して2人の予定を合わせていると、たぶん2週間とか3週間後になってしまうでしょ。少しでも早く売却に動きたいんだよ」

なるほど。木村さんの気持ちもわかります。

「わかりました。ではこれから鍵を取りにご自宅に伺います。そちらに到着するのは恐らく昼頃になってしまいます。近くに着きましたら連絡しますので、奥様から鍵を受け取るということでよろしいですか？」

「うん。それでいいよ。よろしく頼む」


昼前、木村さん宅前にて。

「児玉さん。ウチの主人がわがままを言ってすみません」

木村さんの奥様が頭を下げます。

「いやいや、大丈夫ですよ。木村さんの気持ちはわかりますし、それに今回確認する内容は基本的には私だけでも現場に行ければなんとかなってしまうことなので。ただ、不測の事態が起きたときに困るかなと……。一応、体調が悪いところすみませんが電話だけは出てもらえるようにご主人にお伝えいただけるとありがたいです」

「わかりました。主人が電話に出られないときは私が代わりに出るようにしますね」

「助かります。では、行ってきます」

物件は住宅街を抜けた先の家もまばらになった地域、大きな土地の一角にありました。

「山の入り口の平屋って感じかな」

車から降りて、家の門扉の外から家全体を眺めた感想です。裏手の庭には草が生い茂っていましたが、門扉から家の玄関までは広く石畳になっており、雑草も思ったよりも少ないことに内心ホッとしていました。

「平屋で古いけど、意外といい家だったんだな」

木村さんから預かった鍵とメジャーなどの道具一式を持って玄関に向かいます。ガチャリ……。玄関ドアを開けました。

夕方が近いとはいえ、外はまだ日が出ていましたが、家の中にはほとんど日の光は差し込んでいません。雨戸が閉まっているからかと思いましたが、そもそも日当たりも悪いようです。

「暗いなぁ。懐中電灯を点けないと」

このとき、私は雨戸を開けて光を入れるという選択をしませんでした。草の生い茂った庭側の雨戸を開ける気がしなかったのと、長年閉じられた雨戸を無理に開けることで壊してしまいかねない、と考えたからなのですが、この選択を後に悔やむことになります。

室内は玄関から家の奥に向かって一本の廊下が延びていました。その廊下の右側は恐らく居間となっています。廊下の左側は部屋が3つ並んでいました。長年、人が入っていないのでしょう。床にも埃が溜まっており、土足のまま家に上がると、私の歩いた足跡がくっきりと形に残る。そんな状況となっていました。

廊下の右側。居間と思われる部分から確認を始めました。そこには、ソファーや机、収納、椅子、テレビなどがそのまま置かれた状態となっていました。奥はキッチンスペースとなっており、冷蔵庫や食器類、炊飯器や電子レンジなどがそのままとなっています。

「夜逃げでもしたのか？　生活用品がそのまま残っているけど……。それにしてもこの居間、窓が少ないな。まだ日が出ているのに薄暗いのはそのせいか……」

ぶつぶつ言いながら、キッチンシンクやその奥にある浴室などの水回りを確認します。

「それにしても、なんでこんな玄関から一番遠い部分にトイレや洗面所が設置されているのだろう。外から汚れて帰ってきても、居間を通らないと手も洗えないなんて不便だと思うけどなぁ。玄関よりも勝手口側をメインに出入りする設計なのか？」

間取りの不自然さが気になりながらも、特に異常はありませんでした。しかし、どこもかしこも物が散乱しています。足の踏み場もないほど服などがバラバラと投げ捨てられている場所もありました。

「思った以上に物が残っているな。結構解体費用がかかってしまうかも……」

玄関部分に戻り、廊下の左側にある部屋の確認を始めます。部屋はそれぞれ和室となっており、奥に向かって3間あります。雨戸を開けることを嫌ったため、奥に行くほど室内は暗くなっていきます。

玄関に近い手前の部屋は寝室のようでした。布団が積み重なって置かれています。真ん中の部屋は中央の畳が窪んでいました。少し足を踏み入れてみると畳がふわふわになっているので、恐らく床板が腐ってしまっているのでしょう。そして一番奥の和室。光の届かないその部屋を確認します。懐中電灯で照らされたその部屋を恐る恐る覗いてみると8帖の和室の奥に仏壇がありました。

「この部屋は仏間なのか……」

懐中電灯の光を頼りに部屋の中を確認していきます。すると……

「えっ？」

この家には、恐らく数年単位で人は入っていません。床に埃が溜まり、足を踏み出せば自分の足跡がつきますが、私が家に入ったときには床のどこにも足跡はついていませんでした。でも……

仏壇に添えられている花が、綺麗に咲いているのです。

その様子を確認した瞬間、私は小走りで玄関に向かい家の外に出ていました。そして携帯電話を取り出して木村さんに連絡をします。

「もしもし、児玉です。木村さん。体調の悪いところすみません」

「体調はまあ悪いけど、どうしたの？　そんなに慌てて。家で何かあった？」

「はい。ありました」

「あったの？　それで、何があったのさ？」

「ええと……。家の中には生活用品がかなり残っていて、ただ何年も人が入っていない感じで埃っぽく、特に床は家の中を歩くたびに自分の足跡がつく感じなんです。それで自分の足跡しかない廊下の奥には仏間があって、そこの仏壇に添えられている花が……誰も出入りしていないはずなのに花が綺麗に咲いていたんです。それが気持ち悪くて、家の外に出て電話をしてしまいました」

「なるほど。人が入っていないのに花が咲いていたと。それは気持ちが悪いね」

「はい……」

「でも、今の話を冷静に聞くと、その花は造花なんじゃないの？」

「……造花ですか？」

「そう。何年も人が入っていないであろう家に綺麗に咲いている花があったんでしょ。きっと造花だよ」

「……そうですね。造花ですね……。もう一度確認してみます」

その言葉で妙に落ち着いた私は、もう一度気を取り直して仏間に戻りました。

「造花だよ。造花」

綺麗に咲いている花を見ながら、埃の溜まった畳を踏みしめ仏壇に向かいます。部屋の中には私以外の足跡はありません。仏壇の前に立ち、綺麗に咲いている花びらに触ります。

造花だと信じていたその花は……生花でした。

私は再び玄関を出て木村さんに連絡をします。

「たびたびすみません。花を、仏壇の花を確認しました。触ったんです。花は生花、生の花でした」

ゴホッ、ゴホッ。急にせき込む木村さん。

「児玉さん、今、その仏壇の花は生花だって言った？」

声色が変わり、その声からなんとなく青ざめている木村さんの顔が思い浮かびました。

「はい。そうです。人の入っていない家の中で生花が咲いています」

「そうか……わかった。そうしたら、もう家の中には戻らなくていいから、鍵を閉めてそのまま戻ってきてほしい。気をつけて帰ってきて」

「戻っていいんですか？」

「戻っていいよ。というか、もう家には入らないで」

「わかりました。では、引き返らせていただきます」


その後、木村さんの戸建てに対する動きに不可解なことが起こります。当初、その戸建ては解体せずに売買価格から解体費用を差し引いて売却しようということになっていました。それは木村さんの負担する費用を最小限に抑えるための対策だったのですが、木村さんはそれをせずに、自身の費用を使って家を解体してしまったのです。追加費用も払ったのでしょうか。私が考えられる限り最短、10日ほどの間の出来事でした。そして、それを私が知ったのは解体がすべて終わり、現地が更地となった後のことでした……。

「木村さん。あの家、解体されたそうですね。急にどうしたんですか？　解体はしないまま売却する予定だったじゃないですか。何か理由があるんですか？　あの仏間の花が関係しているんですか？」

「児玉さん。それはね……」

「はい」

しかし木村さんは一拍おいて微笑みながら、とてもやさしい口調で言いました。

「知らない方がいいこともあるから、そのことはもう聞かないでよ……。それに更地にした方が児玉さんも売りやすいでしょ。そういうことにしよう」

何も聞くな。というメッセージであると私には感じられました。

結局、あの仏壇にあった生花が何を意味していたのか。聞くことはできなくなってしまいました。もしやお父様が残していたメモにそれにまつわるようなことが書いてあったのか、とも思いますが、今となってはそれを探る術はありません。

#006

簡易報告書

関東近県郊外山間部
築古戸建て住宅（木造平屋建）

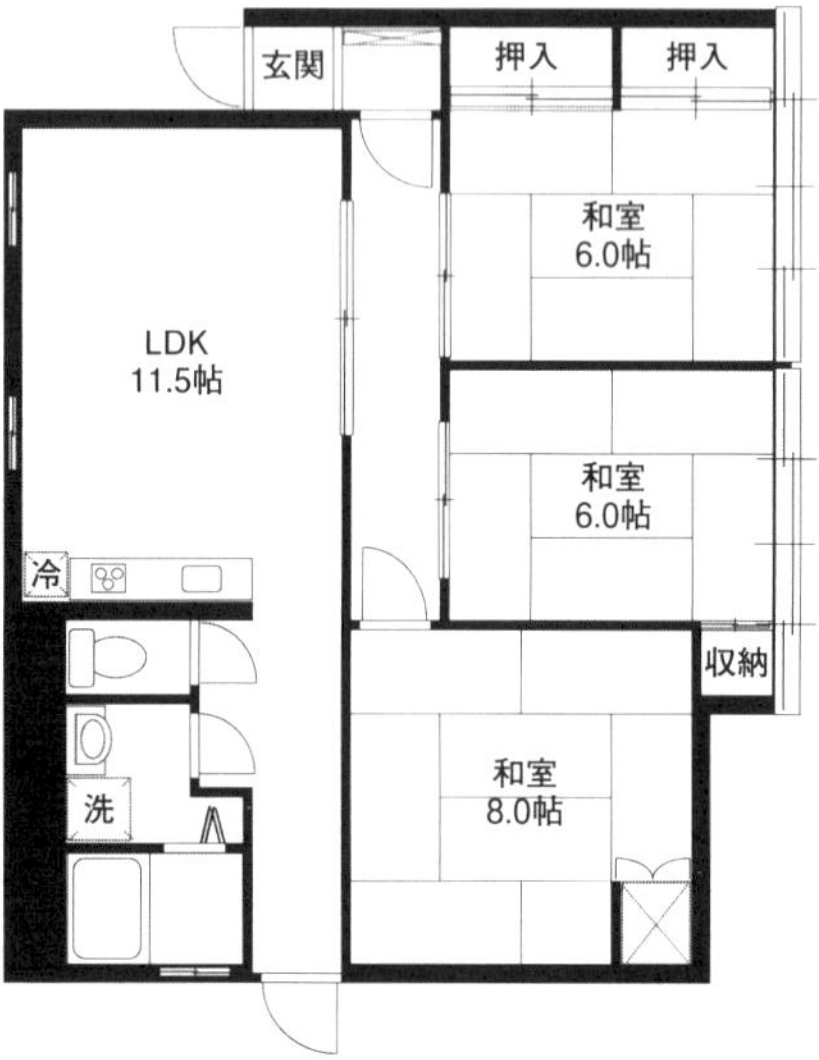

【概要】

・某資産家の財産分与時、詳細不明の物件を発見
・現地調査および売却の依頼を受け、当該物件が空き家になっていることを確認
・入室の痕跡がない室内で、仏壇に異常を発見

【経過】

当該物件は、すでに解体済み（詳細不明）

#007

新築物件の退去理由

それまでの私は、オバケというのは古い建物や不気味な場所にのみ現れるものだと思っていました。しかし、そうではなかったのです。

サラリーマン時代の話です。

その建物は都内近郊に建てられた新築の賃貸マンションでした。立地が良く、外観の見栄えも素晴らしいデザイナーズマンションのような装いで人目を引く建物です。部屋数は全部で15室。3階は建物の奥から1号室、2号室と配置され、306号室までの6室で構成されています。2階部分も同様です。これで12室。1階は奥側から1号室、2号室となっており、103号室までありますが、上階でいう4、5、6号室に当たる部屋はなく、その代わりに1階のその部分には入居者やお客様を迎え入れるための広々としたエントランスが用意されていました。このエントランスも人目を引く素晴らしいものであり、その建物は完成前から周辺で話題の物件となっていたのです。

しかしながら、そんな話題のマンションにも大きな欠点がありました。15部屋はすべて単身者用の間取りで27平方メートルほどの1Kタイプ。当初の計画では、外観の様子と比べると拍子抜けしてしまうくらい、特徴のない、普通の間取りと設備の部屋となっていたのです。

さすがにテコ入れが必要と考えたオーナーの苦肉の策は、室内にワンポイントの特徴をつけてみようというものでした。そこで目を付けたのが、キッチンなどがある廊下側と生活スペースである居室を隔てる一枚のドアです。そのドアは海外から輸入された、とても木目が綺麗な材料で作製され、ドアの中心には頭からつま先まで幅20センチほどの曇りガラスが縦長にはめ込まれた、とてもオシャレなものとなりました。実際に部屋にそのドアを設置すると室内は垢抜け、外観に引けを取らない素晴らしい部屋となったのです。

私がオーナーと契約を結び、建物と関わり始めたのはそのオシャレなドアが室内にすべて設置された頃のことでした。新築マンションの管理において最初の大仕事はマンションを満室にすることです。新築なので当然建物内に入居者はいません。今回は15部屋についてできるだけ早く入居者を見つける必要があるのですが、実はこれが大変なのです。しかしこのマンションでは様子が違いました。オシャレな外観とエントランス、垢抜けた室内は望外に好評を博し、建物完成前に開始した入居者募集についてはその直後に多くの問い合わせが集中。15部屋は瞬く間に申し込みが入り、売り切れてしまったのです。その後は順調に契約も締結され、キャンセル待ちまで出るという大盛況ぶりでした。

「児玉さん、このたびはどうもありがとうございました」

オーナーの上野さんから感謝の連絡が入ります。

「いえいえ、上野オーナー。こちらこそありがとうございます。どうやら建物に一目惚れした入居者さんが多かったようです。建物の企画が素晴らしかったからこんなにも大盛況になったのだと思いますよ」

「それは、どうもありがとうございます。今後ともよろしくお願いします」

「こちらこそよろしくお願いいたします。これからもしっかりと管理させていただきます」

私はオーナーと契約を結んだ後の順調な運用状況に満足しつつ、新生活が始まった入居者から発信されるご要望について迅速な対応が取れるように気を引き締めて準備をしていたのですが、建物の質が良かったこともあり、ほとんど何も起こらないまま時間が過ぎていきました。


それから1カ月ほど経過したある日。一本の電話が鳴ります。306号室に住む女性の入居者からの連絡でした。

「すみません。306号室の者ですが、退去したいんです」

電話を受けたのは事務職の社員です。通常であれば、退去したいとの要望が入居者からあった場合には、その理由を確認し解約の手続きについて説明をします。しかし、今回の306号室の女性は新築に入居して1カ月ほどしか住んでいない方です。異変を察知したその事務職の社員はすぐに私へ電話をつなぎました。

「電話を代わりました。物件担当の児玉と申します」

「すみません。306号室の入居者です。退去をしたくて連絡をしました」

新築物件の短期間での解約に関しては、その理由の多くが、室内の設備関係に不満があるか近隣とのトラブルという内容に集中します。これらを放置してしまうと別の入居者にも同じことが起こり、連鎖的に退去が発生してしまうため、しっかりと対処しないといけません。

「退去されたいとのことですが、室内の設備や近隣の方との間で何かございましたか？」

一瞬の沈黙。

「いいえ、違うんです。そういうことが原因ではなくて」

「設備や近隣の問題ではないんですね」

そして306号室の女性入居者は言葉に詰まりながらこう言ったのです。

「はい、あの……実は……。私の部屋にオバケが出るんです。だから退去したいんです」

「え？　オバケですか。新築のマンションで出たのですか？」

「……はい。信じてもらえないかもしれませんが。だから退去したいんです」

「わかりました。でも聞かせてください。どんなオバケが出たのですか？」

するとその女性は次のような話をしてくれました。

「真夜中にふと目を覚ますと、消したはずのキッチン側の電気が点いているんです。そしてその光がドアの曇りガラス越しに漏れているんです。さらにその曇りガラスの向こう側には黒い人影がいて、その黒い人影をよく見ると、こちらを覗き込んでいる様子なんです。うっ。と思いながらもベッドの上で目を逸らさないようにそちらを向くと身体が硬くなるのですが、家の中に誰かがいるかと思うと放っておくわけにもいきませんよね……。だから思い切ってベッドから小走りでドアに近づいて、バン！と勢いよく開けたんです。でもドアを開けたその先には黒い人影はおろか、誰もいなくて。でも、誰かが侵入した可能性もありますよね。だから、廊下側にある脱衣所やトイレ、浴室と順番に見ていくんですが誰もいません。あの一瞬では玄関から出られないだろうと思いながらも一応、玄関の施錠の確認をしたんです。そうしたら鍵はちゃんと閉まっていて、さらにはチェーンロックもしっかりとかかったままだったんです」

「……それは怖い思いをされましたね」

「でもこれが1回だけではないんです。何回も起きるんです。最初は気のせいだと思って、部屋も気に入っていたので気にしないようにしていたんですけど、もう耐えられません。今日明日にも出ていきます。退去の手続きをしてください」

電話越しの入居者さんの意思は固く、また精神的にもかなりまいっている様子を受けた私は、オーナーと会社の許可を早急に取得し、特別対応での退去を認めたのでした。


「児玉さん、この後はどのようにしたらいいのでしょうか」

上野さんが言います。

「児玉、お前その部屋に泊まってみて、何かあったのか？」

ここは会社の会議室です。そこにはオーナーの上野さんと私、それと私の勤務する管理会社の社長という3人が集まっています。

「はい。まず、退去のあった306号室ですが、一晩宿泊したところ何も起きませんでした」

「何も起きなかったんですね」

「たまたま起きなかっただけじゃないのか？」

「わかりません。岡山と2人で宿泊したせいかもしれませんが、そもそも退去した女性が敏感な性質を持っていた可能性もあります。電話越しでもかなりその様子は出ていましたし」

「なるほどな……」

3人で何を話しているのかというと、オバケが出るという理由で退去が発生したその部屋について、その内容を次の入居者に告知するべきかどうか。その判断をしているのです。

「退去した女性に実害はなかったんだよね。児玉さん」

「はい。実害はない様子でした。ただ姿が、黒い人影が見えるのだと言っていました。でもその姿もドアを開けると消えてしまうそうです」

「……難しいなぁ。実害はないんだろ。それに児玉たちが泊まっても何も起きなかったんだろう？　それならば上野さん。このような流れはどうでしょうか？　次に306号室にご入居される方には何も告知せずに入居してもらいましょう。でももし、室内で同じことがあったとしたら、そのときは諸々のことを保障した上で退去してもらう。そしてその次からはしっかりと内容を告知する。このような考え方はどうでしょう」

「わかりました。お任せします」

「では早速、入居者募集の営業を開始します」

満室になってからもキャンセル待ちが発生していたほどの物件で再募集。入居者はすぐに決定しました。

306号室に新規入居者が生活を始めてから1カ月。普段はそのようなサービスはおこなっていないのですが、今回に関しては〝住み心地調査〟と銘打ち、306号室に新たに入居した女性に対してヒアリングを実施しました。

「管理会社の児玉と申します。306号室に引っ越しをされて1カ月が過ぎたと思いますが、部屋の中で何か不都合が起きたりはしていませんか？」

するると、明るい声が返ってきます。

「何も問題ありませんよ。やっと荷ほどきも終わって生活も落ち着いてきました」

「それはよかったです。今後も何かございましたらお気軽にご連絡ください。引き続き、よろしくお願いいたします」

「わかりました。どうもありがとうございます」

新しく住み始めた入居者に異常はない様子でした。このやりとりを隣で聞いていた社長。

「何もなくてよかったな。そうしたら、例のオバケは以前に退去した入居者が少し敏感だったという感じなのかな」

「とにかく、平常運転になってよかったです」

すべては解決した。このときの私はそう思っていました。

　それからさらに1カ月後、入居者からまた退去に関する電話連絡が入りました。そのときにはこちらのマンションは社内で有名になっていたので、すぐにその電話は私の元に回されたのです。

「これから入居者さんと話すけど、退去したいと言っているのは306号室ではないよね？」

「児玉さん。違いますよ。206号室に住んでいる男性の入居者からの連絡です」

「206号室？　306号室の真下の部屋の入居者か……」

　事務担当の女性社員と簡単な状況確認だけして電話機の外線ボタンを押し入居者と通話をつなげます。

「はい。物件担当の児玉と申します。退去のご希望と聞いておりますが、室内で何かございましたか？」

「ええ……。あの……借りている206号室なんですが……」

　嫌な予感がします。前にも同じ経験をしています。次に紡がれる言葉はきっと……

「オバケが出るんです」

　やっぱり。と思いました。

「ちなみに、どんなオバケが出たのですか？」

　一応、確認を取りました。

「はい。もう何度も起きていることなのですが、夜中に目を覚ますと消したはずのキッチン側の電気が点いていて……曇りガラス……黒い人影……どこにもいない……玄関の鍵はチェーンロックと一緒にしっかりと閉まっているんです」

　306号室から退去した女性とまったく同じことを言っています。

「あの、失礼ですが、マンションの3階のどなたかと親交はございますか？」

「えっ？　ないですが……」

「マンション内で退去された方がいらっしゃるのですが知っていますか？」

「知りません……。それが今回のことと何か関係があるのですか？」

「いいえ、一応の確認です。ご退去の件を承りました。本日、賃貸借契約の解約を受け付けましたので、契約終了日は……」

「知っています。1カ月分の家賃がかかるんですよね。この後すぐに払います。荷物がまとまり次第退去しますので、よろしくお願いします」

　こうして206号室の入居者も退去していきました。

　306号室で発生した現象がその真下の206号室でも発生しました。これはどういうことなのか、そのときの私たちにはわかりませんでした。

　そして私は社長と打ち合わせをした内容をオーナーの上野さんに伝えます。

「上野さん、306号室で発生したことと同じ内容が206号室で発生しました。同一の部屋ではないですが、部屋を超えて説明ができない出来事が起きるのは異常です。今後、少なくても206号室と、今は何も発生していませんが306号室に関して再募集する際には、当社としては入居希望者に告知の義務が生じるものと判断します。上野オーナーの物件は新築であり事故物件でもありませんが、ご協力いただけると幸いです」

これを聞いた上野さんは終始うつむいたままでした。

「わかりました」

そう上野さんが了承した2カ月後。その物件は上野さんの手から離れてしまいます。上野さんはせっかく自ら企画した新築マンションを竣工から半年も経過しないうちに売却してしまったのです。それは私たち管理会社にとっても寝耳に水でした。

その後、物件を購入した法人にはお抱えの管理会社があるとのことで、私たちの会社は解約。その物件の管理を外されてしまいました。このことにより、新築なのにオバケが出るという物件とは残念ながら縁が切れてしまったのです。

賃貸にて部屋を借りる際、そこが事故物件かどうかを気にされる方は多いと思います。しかし、実際にはこのような出来事も発生しています。新築物件だから大丈夫と安心するのは、もしかすると危ういのかもしれません。くれぐれもご注意いただければと思います。

#007

簡易報告書

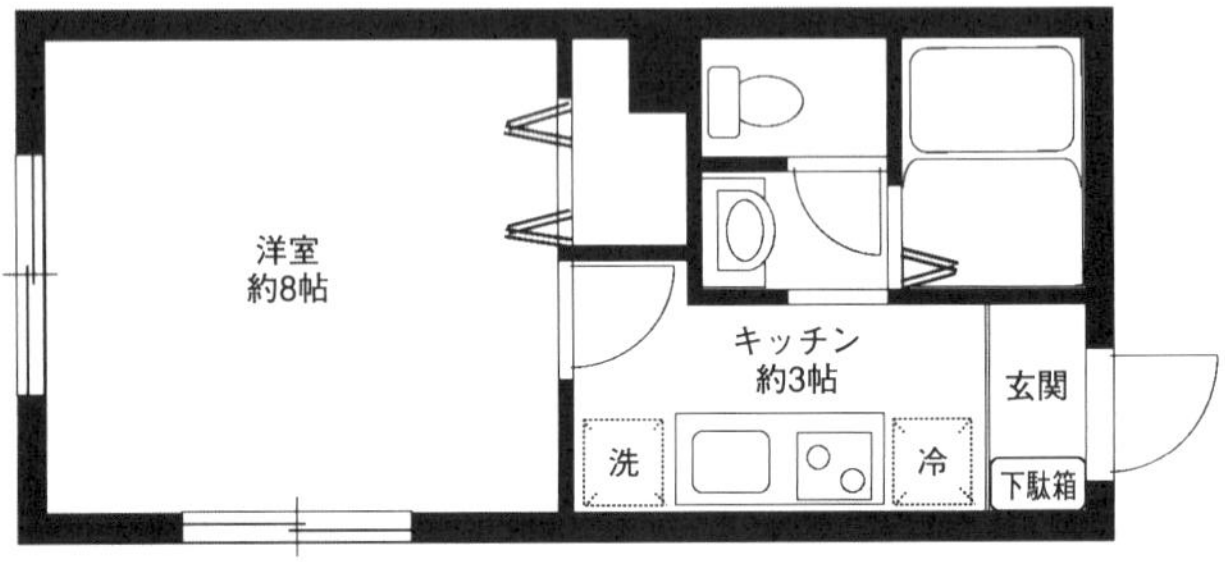

東京都下西部
新築賃貸デザイナーズマンション（RC造3階建）

【概要】
- 306号室の最初の住人が、入居直後に異常を訴え退去
- 室内を調査するも異常なく、次の入居者も異常を感知せず
- 後日、306号室と同じ異常が206号室にて発生

【経過】
竣工から半年足らずで所有者が当該物件を売却

#008

新築物件のその後

新築

なのにオバケが出るという物件がありました。その3階建て15部屋のマンションでは真夜中に正体不明の現象が発生します。新築まもなく206号室と306号室にそれぞれ入居した面識のない2人が、まったく同じ理由で相次いで退去してしまうという出来事が起きました。その後、竣工から半年も経たずにオーナーは物件を売却。私の勤めていた管理会社も物件の管理を外されてしまいます。そのため、以降の物件についての詳細はまったく情報が入らないまま月日は流れていきました。あれから約10年。その物件が現在どのようになっているか、意外なところからその情報が舞い込んできたのです。

その日、私の携帯電話に不動産売買会社の社長である桧山さんから連絡が入りました。

「はい。児玉です。桧山さんご無沙汰しています。珍しいですね」

「児玉君。ご無沙汰。急にごめんね。聞きたいことがあって連絡したんだけど大丈夫？」

「大丈夫ですよ。なんですか？」

「うん。都内近郊にある築10年くらいの物件なんだけどさ、新築当初からオバケが出るらしいんだよ。そんな物件を知ってる？」

この質問を聞いて、私の頭にはあのマンションのことが浮かびました。しかし、もしかしたら違う物件かもしれません。また、そうだとしてもなぜ桧山さんがそのことを私に問い合わせてきたのかがわかりません。そのため私は少し知らないふりをすることにしました。

「それは不思議な物件ですね。どんなオバケが出るんですか」

「それが、オバケというか現象?と書いてあるんだけど、詳細は引き継がれていないんだ。該当の部屋は2部屋あるんだけど、今は開かずの間になっている。その部屋自体あまり運用されていないんだよ。そして普通はこんな資料は残ってないんだけど、この2部屋にだけは歴代の入居者がどのくらいの期間、その部屋に住んだのか記録として引き継がれている。よっぽどだよね。実際に部屋を使っていたのは、記録上では新築後の半年間ほどと、あとは本当に不定期に、何かを確認するように少しだけ使っていたみたいだね。でも入居者はみんな数カ月も持たずに退去している。きっとヤバい現象が起きているんだよ」

　ああ……間違いない。と思いました。

「でも、なんでその物件のことを私に聞くんですか?」

「児玉君も意地悪だね。知ってるくせに。だって、この物件の新築時の建物査定と調査をしたのは児玉君でしょ。引き継がれている資料には新築当時の資料も残されているんだよ。当然、資料に書かれている会社名や担当者名は黒く塗りつぶされているけれど、そのフォーマットや書かれている内容を見てピンと来たね。これを作ったのは児玉君だって」

「そんなのでピンと来ないでください。でもあの物件は今、売りに出されているんですね……」

「そうだよ。訳ありすぎて一般には公開できない未公開物件。こんなのもあるんだねぇ……」

「なぜ建物内で起きている現象を売主は桧山さんに教えてくれないんですか？　それがわからなければ、購入するかどうか判断できないじゃないですか」

「そう思うでしょ。でも物件はいいじゃない。なんか儲かりそうな気もするし。だから迷っているんだよ。購入を決めたらその現象についても教えてくれるらしいし。でもやっぱりその現象を知らないままで契約するのはリスクが高い。だからこうして調べているんだよ」

「買うのはやめた方がいいかもしれないですよ」

「そんなにヤバい感じなの？」

「念のためにお伺いするんですが、開かずの間になっている部屋というのは、206号室と306号室でいいですか」

「そうだよ。なんだ、やっぱり知っているんじゃないか！　その小出しにする感じがいいね」

「それはそうですよ。桧山さんが相手なんですから。それにずっと気になっていたんです。ちなみに運用履歴上で306号室の2人目の入居者はどのくらい居住していましたか？」

「306号室の2人目かい……。入居して5カ月目には退去しているね」

「そうですか」

あの明るい印象の女性は、私たちの管理会社が解約されてすぐに退去したのかと思いました。何も言わずに入居させてしまったことに少し罪悪感を覚えます……。

「それでさ。どんなことがあったのよ」

「それはですね。当時、新築だったそのマンション。引き渡しから1カ月ほど経った頃に306号室の入居者から一本の連絡が入ったんです……」

ざっとではありますが、約10年前の出来事について桧山さんにお伝えしました。

「それは嫌なことがあったね。入居者もそれじゃあ落ち着いて生活できないだろう」

「そうですね。でも新築時に起きていたあの出来事が、今も続いているんですね」

「みたいだね。こんなこともあるのか……。まあ、マンションが建てられる前にあんなことが起きた土地だからね。きっとそれが尾を引いているんだよ。怖いなぁ。建て替えても影響が残るなんて」

桧山さんの言葉に引っかかるものを感じました。

「桧山さん。マンションが建つ前のあんなこと、ってなんですか」

「え？　なに？　俺、そんなこと言った？」

「言いましたよ。私はその建物について完成後のことしか知らないんです。マンションが建つ前に何があったんですか？」

「まいったな。児玉君は知らなかったのか」

「はい。何があったんですか？」

「どうしようかな……と言ってもダメだな。児玉君、ごめん。この件については守秘義務契約の内容に含まれていて、具体的なことは俺の口からは何も言えないんだ」

「マンションが建つ前の出来事に守秘義務ですか？」

「そう。普通のマンションのはずが、訳ありになった理由となり得る事柄だからね」

「それじゃあ、私にもその守秘義務契約を結ばせてくださいよ」

「無理だよ。訳ありの未公開物件と言ったでしょ。取り扱える業者が限定されているの」

「教えられないってことですね……」

「悪いね。でも今回の案件については、今の児玉君なら調べきれると思うよ。がんばってみなよ」

「わかりましたよ。調べてみます」

「今日のことで児玉君に借りができたね。何か困ったことがあったら言ってよ。またね」

そう言って、桧山さんは一方的に電話を切りました。情報だけを聞き取って、肝心なことは教えてくれない桧山さんに少し憤りを感じながらも、あの人に貸しができたのだからいいか。と思い直し、マンションの土地について調べることにしました。

土地や建物の履歴や記録については法務局という国の機関で管理され、基本的には誰でも閲覧できるようになっています。当然そのマンション本体やマンションの建っている土地についても履歴や記録が残っているので、まずはそれを確認します。また、閉鎖された古い記録についても遡《さかのぼ》り、マンションが建つ前にどのような建物があったのかということを調査しました。

「マンションの前は3棟の戸建てがあったのか……」

マンションが建つ前にあった建物はわかりました。しかし、なぜこれがあのような現象につながるのか。これがわかりません。

「ツテを使って、調べるしかないか……」

こうして知り合いの士業の先生や付近の不動産業者などに対して、日常業務をこなしつつもコツコツと聞き取りをしていきました。すると、ある事実が浮かんできたのです。

「きっと、桧山さんはこのことを言っていたんだな」

マンションの建てられる前、そこには3棟の戸建てが並んで建っていました。向かって右側の戸建てについては売り物件となっていましたが、金額が高かったのか、なかなか売れない状況だったということです。そんなある日、向かって左側の家から火が発生します。火の勢いは強く、家は全焼してしまいました。真ん中の戸建てに関しては左側の家から発生した火災の煽りを受けて半焼してしまいます。後にこの火災は放火が原因ということがわかるのですが、全焼した左側の家では2人が亡くなっており、半焼した真ん中の家については死傷者はいなかったものの、取り壊しせざるを得ない状況となりました。最終的には、火事となったその2棟の戸建ても売りに出されることとなり、この場所には都合、戸建て3棟分のまとまった土地が売りに出されたことになります。

この戸建て3棟分のまとまった土地を購入して更地にし、マンションを建てたのが上野さんというオーナーです。後に私と契約を交わすこととなる上野さんは、当然このいわくを知りつつ、マンションを建てたはずです。当時は理解ができなかった上野さんの竣工後半年足らずで物件を売り飛ばすという即断即決ですが、今にして思えば、いわくつきの土地の上に建てたマンションのため最初から長期保有するつもりがなく、区切りの良いところで売却を考えていたとすれば、その謎だった行動にも多少、納得がいきます。

ではなぜ、マンションの206号室と306号室にだけ異常なことが起きるのか。これはマンションと戸建て3棟分の配置図と平面図を合わせることで理解できました。

元々戸建てが3棟分建っていた土地の上にドンッとマンションが建ったわけですが、そのマンションの一部が全焼した左側の戸建ての土地の上にかかっていることがわかりました。

「こんなことがあるのか……。建て替えても影響が残るなんて」

あのとき桧山さんの言っていた言葉の意味がよくわかりました。

その全焼し2人が亡くなった左側の戸建てのあった土地の上にかかっている部分、そこに位置する部屋こそが、206号室と306号室だったのです。つまり、このマンションの中で、黒い人影が見えるというあの2部屋だけが、全焼した戸建ての土地の上に存在しているということがわかったのです。

あの2部屋に出るという黒い人影。それが火に巻き込まれて亡くなった方なのかどうかはわかりません。しかし、建物が建て替えられたとしても、その土地についた謂れの影響が後に残ってしまうことがある。そのことを、実体験で思い知らされたのでした。

#008

簡易報告書

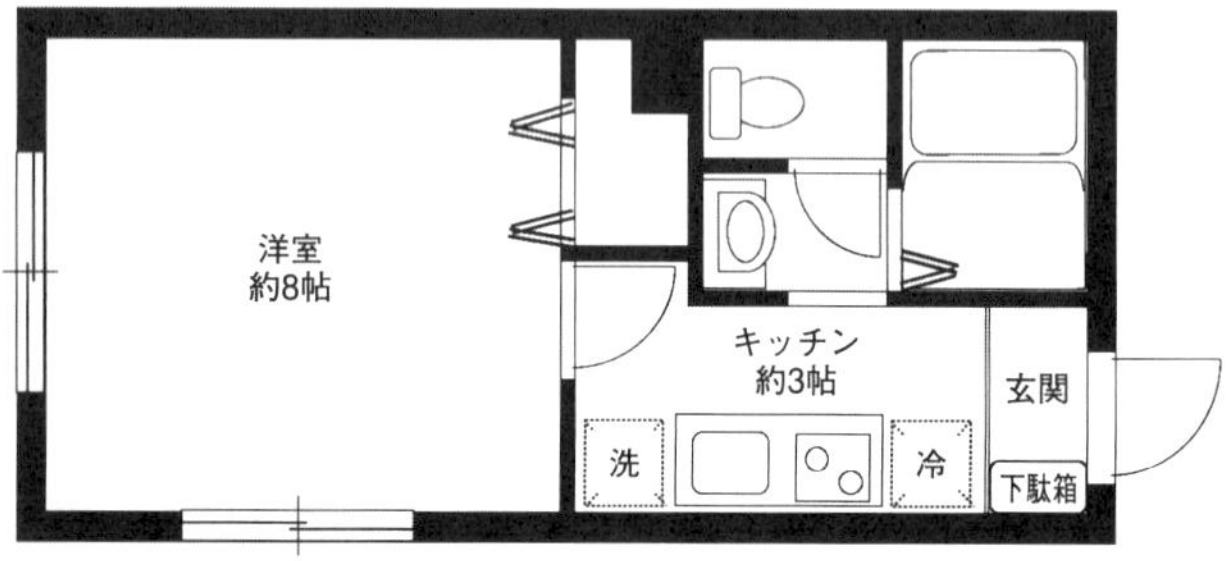

東京都下西部
賃貸デザイナーズマンション（RC造3階建）

【概要】

・異常現象の発生により売却されたマンションが未公開物件として販売される

・当該物件の建設以前の状況について調査を開始

・当該物件建設地に存在していた住宅3棟のうちの1棟で放火事件が発生し、死者が出ていたことが判明

【経過】

部屋で発生した異常と過去の事例との間に関連が推察される

#009

事故物件にハマった営業マンの末路

サラリーマン時代の話です。

ある不動産売買会社の担当者に佐久間さんという男性がいました。佐久間さんと私は同じ年齢でとても気が合い、会社は違いますが、売買と管理という役割においてお互いに足りない部分を補いながら、いくつもの不動産物件の取引を成功させていきました。そんな間柄ですから私は佐久間さんの会社によく出入りしていたこともあり、佐久間さんの上司で売買契約の決裁者でもある光川さんという部長さんともお付き合いが始まりました。そして佐久間さんとはいつしかプライベートでも交流が始まり、佐久間さんが少し広めのマンションに引っ越した際には、お酒を手土産にお祝いに行くまでになりました。その日、佐久間さんの彼女の洋子さんや光川さんも合流し、明け方まで言いたいことを言い合いながら楽しい時間を過ごしたことは、良い思い出です。

しかし、その関係は突然、意外な形で絶たれてしまいます。結論から言います。佐久間さんは行方不明となりました。そして未だに発見には至っていないのです……。

「児玉さん。このマンションをどう思う？」
「良さそうな建物だけど、この物件もそうなの？」
「そう、事故物件！」

「あのさぁ、いつまで事故物件をメインで取り扱うつもりなの？」

「もうしばらくは続けるつもり。児玉さんのところもさ、そろそろ事故物件の管理を始めなよ。儲かるからさ」

「管理会社が事故物件を扱うのは大変なんだよ。だからウチの会社では事故物件は取り扱わないよ。でもさ、本当にいい加減、そろそろ事故物件ばかりじゃなくて、普通の物件でやりとりをしようよ。前みたいにさ……」

「まぁ、そうなんだけど……」

このとき、すでに佐久間さんはかつての彼ではなくなっていたのかもしれません。急に事故物件をメインに取り扱うようになり、事故物件以外は、たとえ良い物件であったとしても目もくれず、無視するようになっていたのです。

当時、事故物件に関しては確かに安く購入できる機会が多く、やり方によっては相場よりも多少安くしたくらいの金額で売却できることもあったため、普通の物件よりも収益が大きくなりやすいというメリットがありました。佐久間さんはそこに目を付けたのだとわかってはいたのですが、しかし、私の会社では事故物件の管理は引き受けることができません。佐久間さんが事故物件を扱い続ける限り、私は佐久間さんとの取引はおろか、日々のやりとりについてもその機会が激減していったのです。

一方で、佐久間さんの営業成績は素晴らしく伸びているようで、会社内ではすでにエース級の位置まで上り詰めているという噂も私の耳には入っていました。

そんなある週の木曜日、朝10時前。私の携帯電話に光川さんから連絡が入りました。

「児玉君。おはよう」

「おはようございます。珍しいですね。どうしたんですか？」

「朝イチからごめんね。さらに不躾な質問で申し訳ないんだけど、佐久間のことなんだ」

何やら光川さんは焦っている様子です。

「佐久間さんに何かあったんですか？」

「ん？　まあ……」

こんな歯切れの悪い光川さんは初めてです。そして絞り出すように言います。

「佐久間と最後に連絡を取ったのはいつか覚えているかい？」

「佐久間さんと最後にいつ連絡したか？　ええと……。佐久間さん、最近は事故物件ばかり扱ってるじゃないですか。だからこのところご無沙汰で。10日……いや2週間くらいは連絡を取っていないですよ」

「そうか。児玉君にも連絡していないのか……」

「光川さん、佐久間さんに何かあったんですか？」

「会社に来ない……」

「えっ？　佐久間さん、飛んじゃったんですか？」

何かと営業の数字やプレッシャーがかかる不動産業界の特に営業職では、急に会社に顔を見せなくなる社員が少なからず存在します。このように突然行方をくらますことを俗語として〝飛ぶ〟と表現しているのですが、このときの私は佐久間さんが普通に会社を辞めただけだと思っていました。

「光川さん酷いなぁ。確かに最近の佐久間さんは事故物件にこだわって、普通の物件には手を触れていなかったみたいですけど、数字は無茶苦茶に稼いでいてエース級だって聞いてますよ。そんな佐久間さんをいじめちゃったんですか？」

「いや、そんなことしないって。児玉君だってわかっているでしょ。最近は事故物件ばかり触っていたけど、数字も良いし、物件の取り扱いの最終判断は俺が決裁していたし、基本的に以前と変わらず自由にやらせていたよ」

「でも飛んだんですよね」

「なんか勘違いしてるぞ。飛んだんじゃない……はず。ただどこにいるのかがわからなくなり、電話もつながらなくなった」

「あれ？　それって、冗談ではなく本当にまずいんじゃないですか？」

「だから児玉君に連絡をしているんだよ」

「光川さん。一体何があったんですか？」

多くの不動産会社の休日は一般的な土曜日と日曜日ではなく、火曜日と水曜日に設定されています。その理由は家に関係する仕事のため、火事を連想させる火曜日に働くことを避ける、契約が水に流れることを嫌うために水に関係する水曜日を休みにするなど、諸説あるのですが、光川さんと佐久間さんが勤務する会社も例に倣い、火曜日と水曜日が休みでした。

光川さんが話し始めます。

「月曜日のことなんだが……。ウチの会社では、月曜日と木曜日の朝にミーティングをすることになっているんだ。普通の会社の週末と週明けのタイミングだよね。月曜日の朝のミーティングの時点で営業成績が悪かった場合は、その日1日と休み2日間を使って翌週の営業活動を整えることになるのだけど、佐久間に関しては文句のつけようのない成績を先週も出していたんだ。それでこれはウチの会社の特徴なんだが、営業成績がずば抜けて良い場合は営業の自由度が上がるんだよ」

「営業の自由度が上がるってなんですか？」

「端的に言うと、営業に支障がない程度でサボっても許されるということだ」

「ははっ。そんな特典があるんですね」

「だから月曜日も朝礼後、佐久間はホワイトボードに訪問先を記して、行ってきます。とだけ言って出ていったんだ。帰社予定時刻に直帰と書いてあったから戻る気はない。普段の物件確認には社用車を使うはずなのに使っていない。翌日火曜日と水曜日は公休日。誰もが佐久間は物件に行ってそのまま休みを取るんだと思ったし、あいつもそのつもりで出ていったはずなんだ」

「至って普通じゃないですか。異変に気づいたのはいつなんですか?」

「正直、今日の朝。さっきだよ。でも予兆はあったんだ。月曜日の午後、契約を控えた買主から佐久間の携帯電話に何度かけてもつながらない。という連絡が入った。これは佐久間としては珍しいことだったから会社からも何度も連絡をしたんだ。だけど出ない。休んでいるとすれば電話に出ないこともあるからね、ひとまず買主には折り返し連絡をさせるということにしておいて、その後も会社から何度も電話をしたんだが、結局月曜日に佐久間が電話に出ることはなかったんだ」

「その辺からなんか、違和感ですね」

「それで火曜日、水曜日と休みを挟んで今日だよ。木曜日の朝礼は全員出社なんだが、佐久間が来ない。調子でも悪いのかと思って電話をするんだけど、今日は電話がつながらないどころか、電波がつながらないか電源が入っていない、とのメッセージが流れる。変なんだよ。だから休み中に会っているのではないかと思って児玉君に連絡したんだよ」

「それって……。洋子さんには確認したんですか?」

「児玉君に連絡する前に確認したけど、日曜日に電話で会話したきり電話がつながらないらしい。ちなみに、念のため実家にも連絡したが、最近連絡を取っていないとのことだった」

「光川さん。これは、きっとアレですよ。電話が壊れているんです。併せて佐久間さんが体調を崩しているとか……」

「だといいよなぁ……。そこで相談なんだけど、これから佐久間の家に行くんだが、一緒についてきてくれないか？」

このお願いを聞いたとき、私は光川さんの考えていることを察してしまいました。佐久間さんが、もしかしたら自室の中で……。だから私は答えたのです。

「わかりました。もちろん行きますよ。部屋で寝てるだけかもしれないですけどね。それで、部屋の鍵はどうします？」

「それは洋子さんが持っている。そして、洋子さんも同行してくれるということだから問題ない」

「わかりました。ならば、無駄足にはならないですね。何時に集合しますか」

「11時はどう？」

「11時だと厳しいです。11時半でもいいですか？」

「わかった。それじゃあ11時半で。洋子さんには俺から伝えておくよ」

「承知しました！」

何事もないことを祈りながら、佐久間さんの住むマンションへと向かいます。

「こんにちは。ご無沙汰してます」

「こんにちは。児玉さん。なんか大変なことになっちゃって……」

久しぶりに会う洋子さんは困り顔をしていました。

「洋子さん、鍵は持ってきてくれたよね」

「光川さんもお久しぶりです。はい。持ってきましたよ」

エントランスに入り、エレベーターで7階へ向かいます。そして佐久間さんの自宅、玄関前に着きました。私は玄関扉に備え付けられている投函口を覗きながら言います。

「臭いはしませんね」

「児玉君も感じていたんだね。助かるよ」

光川さんがそう言った後に、すかさず洋子さんが少し語気を強めて言います。

「2人とも、変なこと言わないでください！　でもまずはひと安心なんですか？」

「わかりません……」

緊張から少し冷たい言い方となってしまいましたが、今は気にせずインターホンを鳴らします。ピンポーン。ピンポーン。ピンポーン。……反応なし。

「光川さん。反応ないですね」

「そうしたら、鍵を使って部屋に入るか……。洋子さん。鍵を開けてもらっていいかな」

「わかりました。開けますよ」

洋子さんがシリンダーに鍵を差し込み開錠。室内へ入ります。

「私から入るのは嫌ですよ」

やはり洋子さんも何かを感じているようです。

「いいよ。俺から入る」

光川さんが言って、ズカズカと室内に入っていきます。

「佐久間ぁ。入るぞ」

引っ越し祝いで訪れて以来の入室。佐久間さんの部屋は１ＬＤＫで一人暮らしをするのであればかなり悠々と暮らせるはずなのですが、その室内は雑多な雰囲気となっていました。食事をするためのテーブル上には、カップラーメンの容器に割りばしが差してあり、底にスープが残ったままとなっている。そんな様子も目に入りました。

「寝室にはいないぞ」

一目散に寝室を見に行った光川さんの声が奥から聞こえます。

「最近来てなかったけど、この前まではこんなに汚くなかったんですよ」

洋子さんがソファーに投げ捨ててある佐久間さんの服をたたみながら言います。

「ちょっと、トイレと浴室を確認してきますね」

脱衣所に設置してある洗濯機はドラム型で中には洗濯した衣類が乾燥までかかった状態で放置されています。換気扇が作動している浴室にも入りますが特に違和感はありません。

トイレも同様でこれといって気になるものはありませんでした。

「水回りにはいませんでした。でも、部屋の様子から見ると急にいなくなるような感じではないですね」

居間に戻ると、洋子さんは汚れた部屋の片付けをしており、光川さんは部屋のベランダ側に設置されている仕事机の前に立って、机上に置いてあったであろうファイルを見ています。

「光川さん、なんのファイルを見ているんですか?」

若干、光川さんの顔が青ざめている気がします。

「私にもそのファイル、見せてください……」

私は光川さんの持つ、そのピンク色のファイルを覗き込みます。ファイルの中身は不動産物件の販売図面をファイルしたものでした。

「あれ?」

あることに気づいた私は光川さんからそのファイルを受け取り、ぺらぺらとページをめくっていきます。

「これ、私が見に行った物件がいくつかありますよ。佐久間さんが最初に事故物件だと言わなかったから無駄足になったんです。よく覚えていますよ」

「やっぱりそうか。俺も覚えている物件がいくつもある。佐久間が絶対儲かるから。と購入の許可をくれと言ってきて……結局は却下した物件だ。このファイルにある不動産の資料はすべて事故物件だよ」

「そんな、このファイルにはざっと80件以上の情報が入ってますよ。こんなに？」

「たぶん、間違いないと思う」

そんな会話を聞いて、洋子さんも近づいてきました。そして別のファイルを手に取り、パラパラと確認しながら言いました。

「こっちのファイルには付箋が付いた販売図面がありますけど、なんでしょうか？」

「見せて」

受け取った光川さんの表情がこわばります。

「どうしました？」

「この物件だよ」

「この物件ってなんですか？」

「月曜日に佐久間が向かうとホワイトボードに書いた物件。まさかこんなことになるとは思っていなかったからホワイトボードに書かれた内容を月曜日の終業時に消してしまって。わからなくなっていたんだ」

「販売図面を見せてください」

販売図面を見ると、築30年ほどですが、立派な一棟もののマンション情報が記載されていました。

「情報発信元の記載がありませんね」

販売図面では、その不動産について物件の情報発信元が図面の下部に書かれていることが通常です。そしてその部分を不動産業界では〝帯（おび）〟と呼びます。図面に描かれた物件を紹介する際には、その帯の部分を自分の勤務する会社の情報に書き換えた上でお客様にお渡しするのですが、そのとき見た図面はその帯部分が切り取られており、情報発信元がわからない状態となっていました。

「情報発信元はないが、現場に行けば何かわかるかもしれないな」

光川さんが言います。

「私も一緒に行きますか？」

「いや、無駄足になる可能性があるから、俺ひとりで行ってくる。住所的にはここから車で2時間くらいか……。14時か14時半には現地に着くだろうから、また連絡するよ。児玉君は一旦、自分の仕事に戻ってて。いやぁ、助かったよ。最悪の事態にはなっていなくてよかったよ」

「ですね。それじゃあ私は自分の仕事をしながら光川さんの連絡を待つことにします」

「うん。そうして。あと、洋子さんはこの後どうする？」

「私は今日、有休を取ったのでこの後も部屋にしばらく残ります。もしかしたら彼が帰ってくるかもしれないし」

「そうだね。それがいいね。それじゃあ、それぞれでやるべきことをやりましょう」

こうして、光川さんは物件の現地へ。私は自身の仕事へ。洋子さんは部屋に残ることを決め、佐久間さんの自宅室内で一時解散をしたのでした。

光川さんからの連絡を待つ間、佐久間さんの自宅で見つけた販売図面の物件が一般的に公開されている情報なのかを調べてみたのですが、公開された様子はありませんでした。どうやら未公開のまま販売を進めていたようです。そして、15時少し前。光川さんから私の携帯電話に連絡が入りました。待ちに待った連絡です。

「はい。児玉です。どうですか。現場に何か手掛かりはありましたか？」

「なかった……」

「そうですか。やっぱり、手掛かりはなかったんですね」

「いや、手掛かりもなかったんだが、建物自体がなかった」

私には光川さんの言っている意味がすぐにはわかりませんでした。

「建物自体がなかったというのはどういうことですか？」

「そのままの意味だよ。建物は取り壊されていて、そこは更地だった」

「まさか、住所を間違えてはいないですよね……」

「間違えるわけないだろ。確かにここに建物があったはずなのに、ないんだよ」

「近所の方にヒアリングとかは……？」

「隣近所の何軒かに聞き込んだけど、建物は図面のもので間違いないらしい。でも解体されたのは3年ほど前みたいだよ」

「販売図面の築年数だと建物は築30年くらいの建物でしたよね。3年前って、全然取り壊す必要はないですよね」

「そうだよ。普通だったらね。この場所に来て佐久間は何を見たんだ？　どうなっているのか意味がわからない」

光川さんは相当困惑しているようでしたが、判断の的確さは鈍っていません。

「とりあえず、土地と建物の謄本を取得するために法務局に行ってくる。もし所有者が近くにいるようならそのまま話を聞いてくる」

そう言って、電話は一方的に切られてしまいました。

それにしても、あんなにしっかりと販売図面が作られて売る準備をしていたのに、建物が取り壊され、更地になっているというのはどういうことなのか。やはり意味がわかりませんでした。

18時頃、再び光川さんから連絡が入りました。

「もしもし、お疲れ様です。いかがでしたか？」

「法務局に行って、土地と建物の謄本を取得したら所有者は物件近くに住む地主だということがわかったから、早速訪問してみたんだが……」

「地主に何か言われたんですか？」

「いや、もう本当に意味がわからない。その地主の住所を訪問したら、ちょうど謄本で所有者となっているご本人が出てきてくれたので話すことができた。と、ここまでは良かったけど」

「良かったけど？」

「図面を見せて話を進めようとした瞬間にすごい勢いで怒鳴られた」

「いや、なんで光川さんが怒鳴られるんですか。佐久間さんを探しているだけじゃないですか」

「何度も言うけど、よくわからん」

光川さんとその地主さんとのやりとりはこのような内容だったと言います。


「はじめまして。不動産販売の光川と申します」

「不動産屋がなんの用だ」

最初から、何かを警戒しているような様子だったそうです。

「はい。あの……この図面に見覚えはありませんか？」

その販売図面を手渡した瞬間でした。

「おいお前、今さら、何を嗅ぎ回っているんだ！」

呆気に取られる光川さん。

「いや、何も。実は私の部下がその建物を確認に行って連絡がつかなくなったものですから……」

「本当にいい加減にしろよ。事故が続いたからやっと取り壊したのに。何を掘り返そうとしているんだ！　お前は」

「いや、だから、その、人探しですよ」

「そもそも、あの土地は代々我が家のもので、あの建物を建てたのは私だ」

「はい。それは存じ上げています」

「ならわかるだろう。代々の土地とその上に建てた建物を売却すると思うか？　頼んでもいないのに勝手に売買をしようとしているのか。しかも勝手に販売図面を作成して、その上取り壊した建物の情報もご丁寧に記載して。何を考えているんだ！」

「いえ、それは私が作ったものではなく、私は部下を探しに来ただけなんです」

「更地になった土地で人がいなくなるわけがないだろう。いい加減にしろ！　帰れ！」

このようなやりとりがあり、光川さんは追い返されてしまったとのことでした。

「本当に塩を投げ付けられそうな勢いだったよ。取りつく島もないっていうのはああいうことをいうんだね」

「それは大変でしたね……」

「まあ、いろいろ言われるのはいいんだけど、これで佐久間を探す手掛かりがなくなってしまったのが残念だ」

そうなのです。佐久間さんの携帯電話は相変わらずつながらず、自宅にも帰っていないとのことです。また、最後に訪れた不動産物件の建物は取り壊され更地となっており、その土地と建物の所有者は販売図面を見せた瞬間に怒り狂い、取りつく島もありません。

「この後はどうされるんですか？」

「そのことだけど、さっき会社から連絡が入って、明日、佐久間の親御さんが会社に来てくれることになったらしい。今日のことを話しながら今後どうするかが決まると思う」

「そうですか……」

「児玉君には今日、いろいろと協力してもらったけど、ここからは会社と佐久間の親御さんとの話になるから詳細は伝えられないと思う。悪いけどね」

「わかりました。それで問題はないですが、佐久間さんの行方がわかったら教えてください」

「大丈夫。話せる範囲となってしまうかもしれないけど、連絡するよ」

「よろしくお願いします」

結局、佐久間さんの親御さんは佐久間さんに対して捜索願を警察に提出したと聞きました。それに関係しているのかどうかはわかりませんが、私は光川さんからこのような指示を受けました。

「今後、児玉君から佐久間の使用していた携帯電話に連絡をするのは控えてほしい」

「なんでですか？」

「いや、とにかく連絡しないように。いいね」

わかりました。としか回答できない雰囲気の中でそれを私は了承しました。

これ以降、私は部外者となってしまったため、佐久間さんの勤めていた会社の対応や、ご家族とのやりとり、洋子さんとの関係性などまったくわからなくなってしまいました。

しかし確かなことは、今現在も佐久間さんは消息不明、ご家族や関係者のことを慮《おもんぱか》るとしたら「行方不明」の状態が継続しています。あの日より、私と佐久間さんの関係は突然、意外な形で絶たれてしまったのです。

佐久間さんの身に何が起きたのか。それは誰にもわかりません。

#009

簡易報告書

東日本某県某市
（物件詳細非公開）

図面なし

【概要】
・当該物件確認に向かった不動産売買担当者が音信不通となる
・関係者が当該物件現地へ赴くが、現在更地であることを確認
・当該物件所有者宅へ訪問し状況を確認するが、詳細不明

【経過】
音信不通となった担当者は、依然、行方不明

#010

木刀事件

「是非、

私どもの会社に管理をお任せください」

転職してまもない頃の私は、この言葉を呪文のように唱えながら営業職として毎日顧客になりそうな方々を見つけては営業訪問をしていました。業界未経験で転職した賃貸不動産管理業界。右も左もわからない私には、会社のサービス内容の説明と、取って付けたようなその言葉を唱え続けるしか営業方法がなかったのです。当然契約など取れるはずもなく、必要ないと拒否され、門前払いで断られ続けるのですが、やる気だけはありました。そしてまずは自分の話を聞いてもらうために何が必要なのか、今の自身の姿を客観的に確認することから始めました。

「そりゃそうだよな。自分だってこんな未熟な営業マンが来たら門前払いをするよ」

そう思った私は、少しずつ営業訪問のタイミングやそのトーク、相手のニーズに合わせた管理内容の提案など〝伝え方〟について工夫をするようになっていきました。

顧客に対しての伝え方が様になってくると、段々と契約数が増えていきました。すると、会社の方針と相まっていろいろなことが見えてきたのです。

賃貸不動産管理会社の業務を大きく分類すると、①管理受託業務、②客付け・契約業務、③入居者管理業務、④修繕業務、⑤経理業務という5つに分けることができます。このとき勤務していた管理会社のおもしろかったところは、①管理受託業務で物件の管理契約を締結してきた営業マンがリーダーとなり、その他4つの業務責任者に物件の特徴や注意事項、オーナーの性格などを周知させることで、物件の管理体制の円滑化を図るという試みをしていたことです。この経験を積むことで管理業務のなんたるかを理解でき、その理解度が深くなるにつれ、対応できる業務も増えていきました。これが現在の仕事にも良い影響を及ぼしているのですが、当時は本当に大変な思いもしました。

賃貸物件の管理で重要な業務の中に家賃回収という仕事があります。先に挙げた③入居者管理業務の中に含まれる仕事のひとつですが、通常時にはなんの変哲もないこの日常業務は、ある条件が重なったとき、とても骨の折れる業務へと変貌を遂げます。

ある条件とは家賃滞納者の出現です。そして個人的に大変だったのは、①管理受託業務で契約をした後、初回の家賃支払いのタイミングで滞納が始まった場合、その督促担当者は管理受託契約を結んだ営業マン本人となり、督促の部署に仕事を任せられないことでした。さらに、その任が解かれる条件は、家賃滞納者を相手に督促業務をおこない滞納家賃を回収することのみで、当時は辛くも感じましたが、今では良い思い出です。

サラリーマン時代の話です。

そのとき、私は頭を悩ませていました。それは5カ月前に管理契約を締結した物件に住む103号室の入居者に対してです。その入居者は24歳の男性なのですが、家賃の支払いが滞ることに関して一切責任を感じていないのです。そして今日も、そんな103号室の入居者である水上さんと家賃の支払いについて連絡を取らなければなりません。

「水上さん、なんで家賃を払ってくれないんですか？」

「払いましたよ。児玉さん。把握されていないんですか？」

「今月払ったのは11月分と12月分の一部でしょ。今、何月だと思ってるんです？」

「毎月払ってるんだからいいでしょ」

「ダメです。家賃が足りてないんですから、お支払いください」

「正直、家賃は後回しですよ。あ・と・ま・わ・し。まず携帯電話。次は電気ですかね。いや違う。借金の返済が一番か。アハハ」

「家賃の支払いも最優先ですよ」

「いや、後回しですよ。だって、今程度の滞納だったら追い出されないんだから」

この水上さんという男性はその辺りの事情に明るい人でした。そのため、家賃滞納はするのですが、その額がある程度になると突然支払いを始めます。決して満額を支払うことはありませんが、こちらが訴訟を起こせるほどの額までは絶対に滞納金額を膨らませることはしないのです。そして月末のこのやりとりが定例となり、いよいよ督促期間が10カ月目に入ろうかというとき、滞納金額が2カ月分を超え、3カ月分に差しかかるという状態となりました。そのため、会社に現状を報告し今回は強めの口調で督促業務をすることとなりました。ちなみに、これは毎回のことではありますが、督促連絡を入居者に実施する前には入金確認をおこない、入居者からの入金がないことを確認した上で対応をしています。このときも、15時時点の入金確認をした際に、入金履歴はないという報告を経理担当者から受けたため、予定通りの対応をすることとしたのです。

「水上さん、本当にそろそろいい加減にしてください……」

強めの口調での督促が始まりました。ワザとやっているとはいえ、いつもと雰囲気が違う私の電話応対に社内が少しざわつき始めます。そんな折、経理担当の女性が手にメモを持って慌てて駆け寄ってくる姿が見えます。メモを確認して私は焦りました。そこに書かれていた内容は……

『すみません。見落としていました。今日、全額、水上さんから入金がありました』

もう、すでに強めの口調での督促は始まっています。そして何かを感じたかのように水上さんは言います。

「児玉さん、なんかいろいろ言っているけどさ、俺、今日、全額入金したからね」

すでにメモを見てその事実は知っていますが、ここでは知らぬふりをします。

「本当ですか。じゃあ、確認しますよ。一旦保留にします」

電話を保留したそのとき。

「児玉さん、ごめんなさい。見落としました」

「ホント頼むよ。いつ入金されてたの?」

「今日、朝イチです。滞納分すべてと来月の家賃が入金されています」

「そう。じゃあ、水上さんの言っていることは正しいのね」

「はい」

「了解。……まいったなぁ。でもなんとかするしかないよね」

そして保留を解除し、水上さんと再び話し始めます。

「入金の確認ができました」

「でしょ。全部入金したもん」

「では、これで滞納は解消されたので問題はなくなりました。ありがとうございます。来月からも滞納せずにお支払いください。引き続き、よろしくお願い……」

「おい。待て待て待て」

自然な感じで電話を切るという作戦は失敗しました。

「なんですか?」

「なんですか?じゃねえよ。さんざんなことを言いやがって。俺は家賃を入金しただろうが。今日みたいなことを言われたんじゃ気が済まない」

「それは申し訳ありませんでした。でも元を正せば水上さんが滞納されていたのが原因かと思うのですが……」

「うるせえ。俺は傷ついたんだぞ。謝りに来い」

面倒なことになりました。確かにこちらにも落ち度はありましたが、水上さんは完全に自分のことを棚に上げげて暴れ始めています。ただ、滞納が解消された今のタイミングで久しぶりに面会するというのも対応としてはアリかもしれないとも思いました。

「わかりました。ではこれからお部屋にお伺いしますよ」

「こ、これから？」

「そうですよ。謝りに行きます。19時にはそちらに到着できると思いますのでよろしくお願いします」

「お、おう……。待っているからな……」

電話を切られました。

「児玉さん、本当に申し訳ありませんでした」

「今回は大丈夫だけど、次からは見落とさないように気をつけて」

「かしこまりました。すみませんでした。でも、児玉さんはこれから謝りに行くんですよね」

「うん。行くよ。謝罪しろと言われたし。でもタイミングとしては直接会うのは良いことだと思ってる。謝りに行きながら、それとなく釘を刺してくるよ」

このようなやりとりの後、私は水上さんの住むマンションに向かったのです。

水上さんの住むマンションは丘の頂上にあります。部屋は小さいですが日中は綺麗な景色が見える物件のため、空室が発生しても難なく成約に至るだろうと思っていたのですが、日没後に足を運ぶとマンションに向かう上り坂は薄暗く、女性の一人暮らしにはあまり向かない物件だったのだなと印象を改めることになりました。

「物件の下見の際は日中と夜間の両方を見た方がいいんだな。印象がまったく違う。昼間だけの確認しかできないときでも、今後は街灯や照明の位置を確認することを会社に提案しよう。これに気づけてよかった。災い転じて……かもしれないな」

そんなことを思いながら歩いていると水上さんの住むマンションに到着しました。手にはお詫びとして用意したバナナの形をしたお菓子を持っています。時間は18時55分。訪問にも良いタイミングです。

建物を建築する際にはその地域によっていろいろな約束事を守る必要があります。例えば今私の立っている地域は、建物の高さが最大で10メートルと決められています。通常の建物であれば3階建てまでしか建たないということなのですが、そこには4階建てのマンションがあります。しかし違法建築ではありません。各階の天井高を少しずつ低くすることで10メートル以内の4階建てを実現しているのです。階数を増やすことで部屋数を稼ぐことができるため、建物の収入は多くなります。

その、少し天井高の低いマンションに入り、103号室の前に立ちます。そしてインターホンを押すのですが室内から反応はありません。もう一度インターホンを押すと声が聞こえました。

「誰だ……」

その声はインターホンから聞こえる声ではなく、直接ドアの向こう側から聞こえます。ドア一枚を隔てた向こう側に水上さんがいるのです。

「管理会社の児玉です。日中はすみませんでした。謝りに来ました」

「あんたひとりか？」

質問の意味がわかりませんが、答えました。

「ひとりですよ。ドアを開けてもらってもいいですか」

ガチャ……。玄関ドアが開きました。

「こんばんは。児玉です。今回はすみませんでした」

ドアを開こうと思い、ドアノブを引いたのですが、チェーンロックがかかっており玄関ドアはわずかな隙間しか開きませんでした。と、次の瞬間。その隙間から茶色い細長いものがいきなり私に向かって突き付けられました。立ち位置が良かったためにそれが身体に当たることはありませんでしたが、危ないところでした。突き付けられた細長いものを握り込むことで押さえ付けたとき、それが木刀であることがわかりました。

「いきなり何をするんだ、危ないだろ！」

「ご、ごめんなさい」

急に謝りだす水上さん。

「ごめんなさいじゃない。とりあえずチェーンを外して外に出て来い！」

木刀を離すと玄関の奥に吸い込まれ、玄関ドアも閉まりました。ガチャガチャとチェーンロックを外す音が聞こえます。ドアが開けられた瞬間に木刀で殴られるのは嫌なので私は数歩離れて身構えたのですが、よく考えれば天井高が低いため、木刀を振り上げることはできません。

「突いてくることにだけ気をつければ大丈夫かな」

玄関ドアが開きます。そこから出てきたのはやせ形の男性である水上さん。水上さんの右手には木刀が握られており、その手には手首の辺りまでグルグルとさらしが巻かれています。しかし、水上さんにはそれを振り回すつもりはもうないと感じました。それに何かを恐れている感じもします。

「水上さん。危ないからまずはその木刀を外してこっちに渡してよ」

「わかりました。ごめんなさい。すみません……」

素直に応じる水上さん。私は木刀を受け取ります。

「当たらなかったからよかったけどさ、なんでこんなことをしたの？」

水上さんの口から出たその回答はとても意外な内容でした。

「だって、不動産屋なんてみんなヤクザみたいなもんでしょ。俺なんてずっと舐めたことをしていたから。謝りに来いなんて言ってしまったものの、人数を集められてボコボコにされるんじゃないかと思ったら怖くて……。だから負けないように……」

「だから最初にひとりかどうか確認したのか……」

「そうです。怖かったから……」

「人数集めてボコボコになんてするわけないでしょう」

「そうなんですか？　でもすみません。許してください」

「わかった。わかった。とりあえず木刀のことは許すから、もう滞納はせずにしっかりと家賃を支払うように」

「わかりました。本当にごめんなさい」

「そうそうコレ、今回はこちらも悪いところがあったから。お詫びの印に持ってきたお菓子。食べてね」

「ありがとうございます」

持参したお菓子と一緒に、木刀を水上さんに渡します。

「でも、本当にもう木刀なんて振り回さないように。警察沙汰になってしまうからね」

「わかりました。もう、しません」

「ちなみにさ、その木刀。年季が入っているけどどこで買ったの？」

「え？　高尾山のお土産として買いました……」

こうして水上さんへの対応は一部危ないことは起きたものの、結果的には事なきを得て完了しました。木刀で突かれそうになった件については一応、会社へ報告したところ、資料にまとめて提出するように指示を受けました。その後、滞納督促絡みの業務で現場や入居者訪問をする際には必ず2人以上で行動することが社内規定として決定しました。

そんな木刀事件から数カ月後、私自身もそのことを忘れかけていた頃、社内にいた社長が私のところに早足でやってきました。

「児玉、前に木刀でやられそうになったって報告書を出していたよな」

「はい。出しました。木刀を握った手にさらしがグルグルだったんですよ」

「そんなことはいいんだけど、さっき出たネットのニュースを見たか?」

「見てないですが、何かあったんですか?」

「まぁ、とにかく見てみろ。トップニュースになっているから」

社長の言っているニュースを確認すると、それは関東地方の某県で発生した事件に関する内容でした。

その日、ある不動産管理会社に勤める男性が家賃滞納をしている入居者の自宅へ督促業務のためにひとりで訪問をしたそうです。その際、督促されたことに気が動転した入居者は、自宅に保管していた真剣を持ち出して振り回し、それを受けた担当者は左腕を切り落とされてしまったとのことです。

#010

簡易報告書

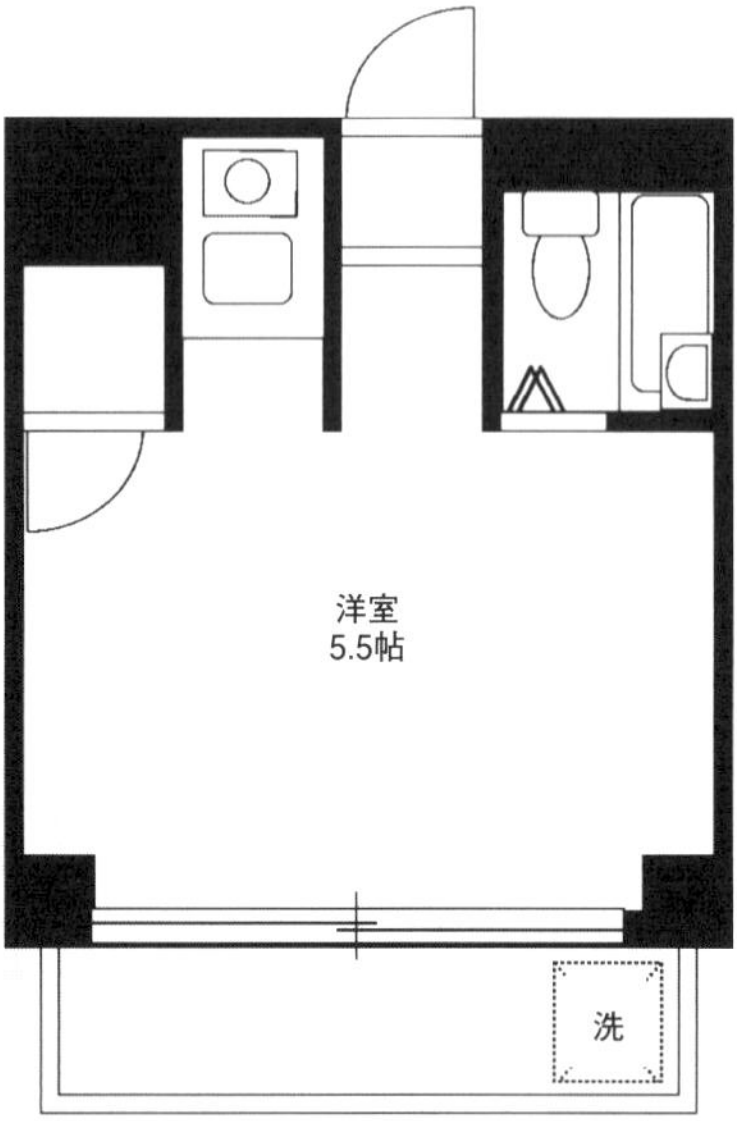

関東近県住宅都市部
単身者用賃貸マンション(鉄骨造4階建)

【概要】

・家賃滞納者に対し、電話にて督促業務を実施
・社内の連絡ミスによって、家賃が正常に支払われていることを確認
・謝罪で当該の入居者宅を訪問した際、入居者が木刀を持って暴れる

【経過】

当該の入居者を厳重注意

#011

見捨てられた地下室

サラリーマン時代の話です。

石嶺さんの持つ4階建てのマンションは満室で、現在は入居者募集をおこなっていません。しかし実は、その建物には地下室が存在し、ある理由により今は開かずの間となっています。

その地下室は元々、石嶺さんの会社事務所兼作業場として使われていた部屋でした。しかし、いつしかその部屋は使われなくなっていきます。石嶺さんご自身の高齢化と持病が悪化してしまったことがその主な理由です。

そして石嶺さんが廃業を決めた後、その地下室は誰にも使われることなく、長らく空き部屋として時を重ねていきました。

年末の挨拶でオーナー回りをしていたときのことです。その日は石嶺さん宅に訪問し、歓談をしていたのですが、そこでマンションの地下室のことが話題に上りました。

「児玉さんがウチの担当になってまだ日が浅いから確認するんだけど、あのマンションに地下室があることは知っているんだっけ」

「はい。一応あることだけは知っています。ただ、基本的には地下室は石嶺さんの専有部分ということで会社には登録されているため、面積や間取り、設備などの状態すら知りません。室内に入ったこともなく写真もないので、これでは知らないのと一緒ですね」

「なるほどね……」

「その地下室がどうかされたんですか」

「うん。長らく空けていたけれど、貸してもいいかな。と最近思ったんだよ」

「何か心境の変化でもあったんですか？」

「いや、たいしたことではなくてね。地下室、まあ元々私の事務所兼作業場だったんだけどさ。先日息子たちに手伝ってもらって室内の荷物を全部処分したんだよ」

「そうだったんですね」

「そう。それで部屋が空っぽになったのはいいんだけど、事務所と作業場を合わせると80平米くらいあるからね。これを空けておくのはもったいないという話になったのさ」

「え？　地下室って80平米もあるんですか」

「作業場で50平米、事務所兼仮眠室で30平米くらいかな。さらに、上の階の入居者さんたちに迷惑をかけたら悪いと思って防音仕様にもなっているんだよ。すごいでしょ」

「いいですね。ちょうど、繁忙期に入る時期ですし、是非、募集させてください」

「それじゃあ、よろしく頼むよ」

　このようにして地下室の管理をさせていただくこととなったのです。

年が明け、石嶺さんの所有するマンションの地下室80平方メートルの事務所については入居者募集が始まったのですが、なかなか申し込み希望者を見つけることができず、結局は繁忙期内にて成約まで進めることはできませんでした。そしてゴールデンウィークが終わる頃、ひとつの申し込みが入りました。

「石嶺さん。やっと申し込みが入りました」

「いやぁ、大変だったねぇ。それでどんな人から申し込みが入ったの？」

「実は犬のブリーダーさんなんですよ」

「犬のブリーダーかぁ」

「起業して、結構、大掛かりでやっている会社みたいです。そのため、防音壁も備えられている石嶺さんの物件はぴったりなのだそうです」

「ブリーダーって関わったことがないんだけど児玉さん、どうなの？」

「実は私たちもあまり関わったことがなくて。正直なんとも言えないんです。入居希望者の法人を審査にかけましたが、問題なしということで通過はしています。でも、どうしますか。やめておきますか？」

「無理に貸すことはないと思ってはいるんだけど、審査は通過してるのか……。そうしたら一応息子たちとも話をしたいから、そのブリーダーさんの情報を私のメールに送ってくれるかい？」

「わかりました。そのようにします！」

その後、石嶺さんとそのご家族にて話し合いがおこなわれ、ブリーダーさんに部屋を使ってもらうこととなりました。

地下室にブリーダーさんが入居してから1年ほどが経ちました。それまでなんの問題もなかったブリーダーさんですが、その頃から少しずつ様子に変化が表れ始めます。具体的には月々の家賃の支払いが、数日なのですが遅れだしたのです。数日とはいえ、家賃の支払期日を過ぎた場合は滞納です。その都度、ブリーダーさんに連絡をしたり、訪問したりもするのですが、ブリーダーさんの回答はいつも決まっていました。

「なかなか経営が安定しなくて支払いが遅れたりしていますが、なんとかしていますので大丈夫です」

実際、連絡すれば家賃はしっかりと入金されるのですが、管理会社としては、滞納の状況をオーナーに報告する必要があります。

「石嶺さん。ブリーダーさんが怪しい動きをし始めています。家賃滞納すれすれです。ですが、支払いが遅れるたびに確認はしていますのでご安心ください」

「わかった。どうもありがとう。引き続きよろしく頼むよ」

その後も月を追うごとにブリーダーさんの動きは悪くなっていきます。そしてついには家賃滞納が始まりました。ブリーダーさんと連絡が取れるのが唯一の救いではありますが、結局、家賃滞納は2カ月分となり、今日を過ぎれば3カ月分となります。会社では家賃滞納が3カ月を超えた場合、入居者宛てに内容証明郵便を送付し家賃回収の算段に入ります。それでも埒《らち》が明かない場合は訴訟となるのですが、これまでがんばっていたブリーダーさんです。なんとかなるのか、ならないのか。直接ブリーダーさん本人に聞いて、滞納分の返済の計画を立てるために私は連絡をしてみました。

「ブリーダーさん。今日を過ぎると家賃滞納が3カ月を越えてしまいます。そうすると私の手を離れて訴訟を見越した督促が始まります。やはりお金の工面は厳しいですか？」

「正直厳しいのですが、来月中旬にまとまったお金が入ることになりました。だからそれまで待ってほしいのです」

「まとまったお金が入るんですね。わかりました。その旨は伝えておきますが、今日中に振り込みをしていただかないと、記録上は3カ月の滞納となってしまいます。まとまったお金が入るのが来月なのであれば、私でない担当者から家賃についての連絡が改めて入りますので、繰り返しとなってしまいますが今と同じことをお伝えください」

「わかりました」

それからは、ブリーダーさんの家賃回収は私の手から離れてしまうのですが、言葉の通りに翌月の中旬頃に滞納分の家賃が全額振り込まれ、その後の3カ月間については家賃が遅れることもなく振り込まれていたため、私からブリーダーさんに連絡をする必要もなく安心していました。

しかし4カ月目。状況が一変します。また滞納が始まったのです。そして最悪なことにブリーダーさんとの連絡が一切取れなくなりました。嫌な予感がします。私は物件の地下室に向かう途中で石嶺さんと合流します。

「いつから連絡が取れなくなったの？」

石嶺さんからの質問です。

「ブリーダーさんに連絡がつかないことがわかったのは今日です。連絡自体ここ数カ月間取っていません。家賃も普通に振り込まれていたので。久しぶりに今月分の振り込みがなく滞納が始まってしまったので連絡したところ、電話がつながらないことがわかりました」

「ブリーダーの関連会社や関係者との連絡は」

「全部つながりません。そのため、早急な現場確認が必要となりました」

「そういうことね」

どうやら石嶺さんは状況を正確に把握してくださったようです。

現場に到着。インターホンを押しましたが反応がありません。

「電気が止まってるみたいだね」

石嶺さんが言います。確かに電気が通っていないようです。

「ブリーダーさん。いますか？　ブリーダーさん……」

ドンドンとドアを叩きながら呼びますがこの掛け声にも反応はありません。

「扉を開けます」

私は持参した鍵を使用し地下室の扉を開けました。そしてその扉の先では信じられない惨状が広がっていたのです。


用意されていたエサも水も尽きている室内。塊になっている体毛が大量に散乱している中で餓死している犬たち。しかも正常な姿をしていない死骸もゴロゴロと転がっています。

「なんなんだ、この状況は……。児玉さん」

「そんな、なんでこんなことに……」

「これは、生き残るために共食いをした後なんじゃないか？　児玉さん」

「…………」

石嶺さんのおっしゃったことと同じことを私も感じていました。他にも、黒く変色した血痕が室内や床のそこかしこに広がっており、それに合わせるように、壁の至る所にも変色した血痕が線を引いて付着していました。水と食料がなくなる中で、数十頭の犬たちが死に物狂いで争い、また部屋から出るために血だらけになりながら壁を蹴り、走り回っていた様子が容易に想像できました。

「ブリーダーはどこに行ったんだ。こんな残酷なことをして……」

「まさか、家賃を自動で振り込むようにして時間を稼いでいた？　その状況で犬たちを置いて自分だけ夜逃げしたのか？」

後にわかることですが、この予想は当たってしまいます。結論としてブリーダーは犬たちを置いて夜逃げしたのです。自動入金を利用して時間稼ぎをしながら。結局、ブリーダーがどこに行ったのかは探し当てることはできませんでした。

それから1カ月後。

「児玉さん。この部屋は管理実務上ではどのような扱いになる？」

部屋の特殊清掃が完了したタイミングで、その確認のためにマンションの地下室に2人で集合しました。その際に石嶺さんから投げられたのがこの質問です。

「管理実務上は、人が亡くなったわけではないので事故物件とはなりません。しかし、あの惨状です。事故物件でないとはいえ、余計なトラブルを避けるという意味でも次の入居者さんにはこの部屋で何があったのかを告知するのがいいと考えます」

「なるほどな……。しかし、私もその通りだと思う。人が亡くなったわけではないから事故物件でないと世間では言うのかもしれないが、私から言わせれば、あの惨状が起きたこの部屋は事故物件だよ。間違いなくね」

石嶺さんの目はあの日の光景を思い出すかのように遠くを見ていました。怒りの感情を含みながら。


特殊清掃の確認完了後、地下室はしっかりとリフォームも実施され、とても綺麗になりました。部屋はすぐにでも使用できる状態です。しかし、現在でもその部屋は利用されておらず、開かずの間となっています。石嶺さんからの強い希望による貸し止めです。

「あの惨状を見てしまったからには、とても人に貸すことはできない」

あの日の惨状と、石嶺さんの言葉が、ずっと……私の頭から離れません……。

#011

簡易報告書

関東近県郊外
賃貸マンション(地上4階・地下1階建)

【概要】

・地下の当該物件が、所有者の自己使用から賃貸運用へ移行
・犬のブリーダーが入居するも、長期家賃滞納の末に夜逃げ
・当該物件内で、置き去りにされた犬が多数死亡

【経過】

特殊清掃およびリフォームを完了するも、賃貸を中止

#012

最後の絵画

サラリーマン時代の話です。

その2階建ての戸建て住宅は海の見える山の中腹にありました。所有者は70代のお婆さんで、職業は画家。今でこそ、その戸建てはお婆さんの住居兼アトリエとなっていますが、元々はご主人と娘さんの3人で暮らしていた思い出の家であり、ご主人の他界や娘さんの独立・結婚などを経て、現在のような、絵を描きながらの一人暮らしという形に落ち着いたということです。

ある日、その戸建て住宅で火事が発生し、家は半焼してしまいます。火元は描き上げた絵画や絵の具、画材などを保管している、元々は客間として使用していた部屋でした。お婆さんは絵画などの保管に関して湿度管理をしっかりとおこなっていたこともあり、24時間365日で除湿器を稼働させていたのですが、そこから火が出てしまったそうです。室内には油類が多くあったため火の勢いが相当強かったのか、エアコンなどのプラスチック類はどれもどろりと溶け、部屋は激しく焼けて、煤で真っ黒となっていました。画家のお婆さん当人はどうなったのかというと、恐らく必死で火を消そうとしたのでしょう。逃げることなくそのまま火事に巻き込まれて亡くなってしまったのです。

私がこの戸建て住宅に携わることになった理由、それは亡くなったお婆さんのご遺族である娘さんから火事の後の修繕についてのご依頼を頂戴したためです。その日は娘さんのご自宅を訪問し、電話口では語っていただけなかったお気持ちを伺っていました。

「今は火事のために酷いことになっていますが、あの家は父と母との思い出が詰まった私の大切な実家です。できれば取り壊すのではなく、なんとか元の状態に戻したいと思っています」

「実家を元の状態に戻すことがご希望なのですね。しかしあの家については、火が出たのはもちろんですが、消火のための水が家全体に染み渡っています。費用がかなりかかると思いますがそれでもやられますか？」

「はい。そのつもりです……」

「わかりました。建築士を含めての修繕となりますが、お手伝いさせていただきます」

というやりとりを交わしながら、修繕について話を進めていると、ふと思い出したように娘さんがお婆さんの描いた絵について話し始めました。

「児玉さん、あの部屋に入られましたよね？」

「火の出てしまった部屋のことですか？　はい。入りましたが……」

「結構酷く燃えてしまっていたでしょ」

「そうですね。絵画や絵の具、木材などが多かったと思うので火に勢いが出てしまったのかもしれませんね」

「そのような室内にあって〝無傷で焼け残った絵がある〟としたら、ご興味はありますか？」

「えっ？　興味はありますが、あの状況の中で無傷なんてそんなことあるのですか？」

「それが、あったんです。少しお待ちください。持ってきます」

　別室から娘さんが運んできたそれは、ちょうど新聞紙1ページ分ほどのサイズがありました。紫色の風呂敷に包まれており、その厚みから額縁のようなものだと想像できます。

「この絵はあの家が火事となる数日前に母が描き上げたものなんです」

　テーブルの上に風呂敷に包んだままの絵を置いた娘さんが続けます。

「とてもいい絵が描けた。と珍しく母から連絡があったんです。そのときはまさかこんなことになるとは思ってもいなかったので聞き流してしまったのですが、あの部屋で実物を確認し、すぐに母が言っていたその絵であるとわかりました」

　そう言いながら風呂敷包みをほどく娘さん。絵画の全容がわかるに従い、私は大きな驚きと共に背筋に寒いものが走りました。それは、渦巻く火炎をモチーフとした絵だったのです。

「炎が描かれた絵に驚かれたでしょ。でも私はもっと驚いたんですよ。まさかこの絵が無傷でそのままあの部屋にあるなんて」

　そこで娘さんがボソッと何かをつぶやいたのですが、驚きと絵画の迫力に引き込まれていた私にはよく聞き取れませんでした……。

「……驚いてしまって、すみません。まさか炎がモチーフだとは思わず……」

「いいんですよ。そしてこの絵なんですが、当然未発表のものなのでこれは母の遺作となります。なぜ、よりによって最後にこの絵だったのか。と思わなくはないですが、遺作として大事にしていきたいと思います」

「あの……恐れ入りますが写真を一枚、撮らせてはいただけませんか？」

娘さんはほんの数秒ですが間を空けて私に言いました。

「今日は、ご縁のある児玉さんなのでこちらの絵をお見せしましたが、本来は表には出さずに静かに管理していくべきものと思っています。そのため、申し訳ありませんが写真はご遠慮いただきたいと思います」

「……はい。わかりました」

火事で亡くなった画家のお婆さんが最後に描いた渦巻く火炎の絵画。どのような思いでそれを描き上げたのか。本人亡き今、それを語る人はいません。

その後、戸建て住宅は火事になったことを忘れるぐらい綺麗に改修されたのですが、その費用は予想通り高額となってしまいました。そのため、当面は賃貸にて運用することで将来娘さんが戻るそのときまで少しでも返済の足しにしようということとなりました。しかし、賃貸に出すに当たっては、綺麗に改修されているとはいえ事故物件と分類されてしまいます。そのため、賃貸に出されている近隣物件の金額よりも賃料を低く設定した状態で入居者募集を開始することとしました。しかし1カ月が経ち、2カ月を過ぎても入居者は決まりません。そして入居者募集開始から3カ月が経とうかというそのタイミングでやっと入居申し込みが入ったのです。

申し込みをしてきたのは50代の男性です。家族はなく一人暮らしの予定。連帯保証人になってくれる人物もいないとのことでした。しかし勤務先や収入状況に問題はなく、また、連帯保証人に代わる保証会社についても難なく許可が下り、当然のようにオーナーである娘さんも喜んで入居を承諾しました。何も問題がないように思える状況ではありましたが、私はひとつの違和感を覚えていました。

なぜこの男性はわざわざ一人暮らしでこの家を選んだのだろう。

いくら事故物件ということで賃料が安く設定されているとはいえ、戸建て住宅です。地域の平均的な一人暮らし用のマンションと比べても、その戸建て住宅の賃料は随分と高いものとなっています。何かここに住むべき理由があるのだろうか？　そんなことを考えもしましたが、これまで3カ月間申し込みのなかった物件です。この入居者を逃せばまた数カ月間、娘さんの物件運用開始が遅れてしまうかもしれない。そして状況的には書類上は何も問題がなく、各種の審査もすべて通過。オーナーである娘さんの最終許可が取れたことにより入居はほぼ決定的です。このときの私は、自身の中で覚えた違和感よりも入居者が決まった嬉しさの方を優先させてしまったのでした。

それから数カ月後の早朝。この戸建て住宅は再び炎に包まれます。多額の費用をかけ、苦労して綺麗に改修したその家は見る影もなく全焼しました。火事の原因は、男性入居者の焼身自殺であり、火元はお婆さんが亡くなった場所と同じ客間部分。男性入居者本人は死亡したと、警察から聞かされました。

事件当日、火事になっているとの知らせを私が受けたのは、会社に向かう電車の中でした。携帯電話の留守番電話サービスに上司からのメッセージが届きます。

「あの戸建て、また火が出たらしいぞ。詳細は追って連絡するからお前は直行で現地に向かえ！着いたらその場の状況をこちらにも報告するように」

メッセージを受けた後、電車を乗り継ぎ、現場に到着すると火はすでに消えているように見受けられました。しかし、防火服を着た消防隊員たちが忙しく動き回る中で、私にできることは、その場で立ち尽くして建物があった場所をただ眺めることだけでした。

そのとき、手元の携帯電話が鳴りました。相手は会社の事務方の先輩です。

「児玉君、戸建ての現場にいるんだよね？」

「はい。いますよ。火は消えています。でも建物は全焼です。この後どうなるんでしょう」

「今は現場の消防や救急の人たちに任せるしかないけれど、管理会社として何か聞かれるかもしれないから入居者と建物の簡単な情報をメールで送っておいたよ」

「どうもありがとうございます。助かります」

「うんうん。まぁ、それはいいんだけど、よくわからないことがあってね」

「え？　何かあったんですか？」

「昨日の深夜……いや、今日の未明とか早朝とかいうのかな。会社の代表アドレスに児玉君宛てのメールが届いてたんだよね」

「誰からです？」

「その戸建て住宅に住んでいる男性入居者から……」

「はっ？　私宛てにですか？」

「そうなの。児玉君宛てに」

「なんで入居者さんが私の名前を知っているんですか？　入居時にお知らせしている緊急連絡先のどこにも私の名前は載っていないですよ」

「そうなんだけど、なんでだろうね……。でも、児玉君宛てにメールが来てるんだよ」

「メールにはなんと書いてあったんですか？」

「それが、その意味がよくわからなくて……」

「意味がわからないってどういうことです？」

「今、転送したから確認してみて」

「はい。わかりました」

転送されたメールを確認すると、送信時間は3時30分となっていました。恐らく火の出る少し前なのだろうなと考えながら、さらに画面を流して本文を確認します。すると、なんで?という疑問と同時に、言いようのない悪寒が全身を駆け抜けました。

メールにはただ一言、こう書かれていたのです。

【最期の怪画のように……】

メッセージを見た瞬間に思い出されたのは、お婆さんが描いた、渦巻く火炎をモチーフとした絵画です。しかしあの絵画は未発表の作品であり遺作です。描き上げた数日後に娘さんに回収され、写真を撮ることさえ許されず、現在では娘さんのご家族以外は見ることも叶いません。でも男性入居者は、恐らくあの絵のことを知っています。お婆さんの関係者という線も疑いましたが、入居前に男性の身上書を確認してもらった際に、娘さんが男性入居者のことを知っているという素振りは一切ありませんでした。

亡くなった男性入居者は、一体いつ、どこでお婆さんの絵画を目にしたのか。

そして、自殺する前に私に送ったメッセージの意図とは……。

今となっては、その真相は誰にもわかりません。

#012

簡易報告書

関東近県郊外山間部
築古フルリフォーム済み戸建て住宅(木造2階建)

【概要】

・当該物件の所有者である老年女性が火災により死亡
・半焼した当該物件を相続人が修繕し、賃貸運用を開始
・後日入居した男性が焼身自殺を図る

【経過】

入居者は、自殺前に不自然なメールを残して死亡

#013

すべての始まり

勤めていた不動産管理会社を退社する2カ月前。

「児玉。お前、これからどうするんだ?」

退職届が会社に受理されてすぐ、部長から声がかかりました。

「転職はしませんよ。独立するつもりです」

「そうだろうと思ったよ。業種はどうするんだ? 不動産の売買? それとも管理か?」

「どちらかといえば、管理寄りですね……」

「そうか。そうしたらウチとは競合になってしまうけど、社長とはそれについて何か話はしているのか?」

「いえ。まだ何も……。退職届は受理したからな。と声をかけられただけです」

「そうか……。起業してすぐは大変だからな。頼るところは頼るんだぞ」

「はい。わかりました。ありがとうございます」

このときの私にはまだカチモードに関する構想はまったくありませんでした。ただ、不動産業界には不思議な部屋が存在していることは認知していたので、そのような部屋が見つかった際にはしっかりと調査ができる。そんな機能を自分の会社には持たせたい。とだけは考えていました。

会社での私は、修繕関連工事の手配や実施、入居者対応、オーナー相手に物件運用についての提案などをしていく部署の責任者となっていました。そして私の業務の中で特に重点を置いていたのが、突発的に発生する案件への対応でした。それは、建物内での不慮の事故や死亡事故、入居者同士のトラブルで警察が出動してしまうような内容のものです。日常業務に追われている部下たちを守るという意味でもその業務は重要な意味がありました。思えば、私の会社員として最後の仕事となったのも、そうした突発的な案件でした。

「児玉さん。建物で死亡事故が起きたそうです。電話を代わってもらえませんか？」

「電話の相手は誰？　オーナー、それとも警察？」

「オーナーです」

「わかった。代わるね」

私の最後の仕事はこうして幕を開けました。

東京都内にある築古アパートの1階。その部屋に、西田さんは住んでいました。西田さんは同じアパートの住人と顔を合わせても声を出して挨拶することはなく、小さな会釈だけを返すような、そんな50代の男性だったといいます。定職にはつかず、日雇いの仕事をしていたのか外出する時間もその時々で違っていたようで、不規則な生活をしていたのではないかという話も聞きました。そんな西田さんですが、あるときからアパートの住人たちはその姿を見かけなくなります。しかし誰も親しい間柄ではなかったため、部屋を訪問するわけもなく、それ以前に、西田さんのことを気にかける人ももしかしたらいなかったのかもしれません。そんなある日、アパートで異臭騒ぎが発生します。入居者のひとりが警察に通報したのですが、このことにより室内で西田さんが亡くなっていることが発覚したのです。

オーナーから連絡を受けた数時間後、私は亡くなった西田さんの住んでいたアパートのエントランスにいました。現場でオーナーと待ち合わせて室内を確認するためです。

「お待たせ。児玉さん」

私がアパートに到着してから5分ほどで、オーナーが到着しました。

「このたびはすみませんでした。管理会社としてはまったく気づきませんでした」

「西田さんの家賃滞納や他の入居者さんたちからの連絡もなかったんだよね」

「はい。ありませんでした」

「そうか……。それなら、しょうがないね。じゃあ、行こうか」

西田さんの住んでいた1階の部屋。その玄関ドアを開けます。すでにご遺体は運び出され、警察による現場検証も終わっています。

「これは酷いね」

腐敗臭の残る室内はゴミ部屋となっていました。無数にあるパンパンに膨れたゴミ袋は部屋中の壁に沿うように天井までうずたかく積まれ、山崩れを起こしています。また、生ゴミや紙ゴミ、缶ビールやワインの瓶、4リットルの大きなペットボトルなどが足の踏み場もない様子で散らかっており、これも山となっています。玄関の周りにある段ボールには部屋に入りきらないそれらのものが一緒くたにされ、スペースを占拠していました。

「1DKの部屋にこんなにゴミが……」

「足の踏み場がないとはこのことだね……」

しかし、よくよく見てみると、玄関から奥に向かって若干ですがゴミ類の浅い部分があり、まるで獣道のように細く延びています。その奥には人が膝を抱えれば横になれるくらいの小さなスペースが見えます。

「児玉さん、少し奥を確認しよう」

オーナーが言います。基本的なことですが、人が亡くなり腐敗してしまった部屋に入ることは細菌感染のリスクが伴います。そのため無防備で入ることはしません。私はそのとき、最低限の装備を持参していたため、それをオーナーに手渡しながら言いました。

「私も一緒に入りますが、長居はしません。亡くなった場所の確認だけにしてください。このゴミなので虫が多くいる可能性は高いです。それを媒介に細菌感染しますよ。あと細菌まみれの虫を外には出せません」

玄関から数歩ではありますが、室内に入り様子を確認します。

「あそこが亡くなっていた場所ですね」

汚損の激しい部分から数メートル離れて様子をうかがいます。

「腐敗していたんだね。この状況では特殊清掃は免れないね。児玉さん」

「それもそうですが、問題はこのゴミです。特殊清掃の費用以上にゴミの処分費用がかなり嵩《かさ》むと思います。腐敗が発生した部屋にある家具や家電、ゴミなどは普通には捨てられません。それに恐らくですが、ゴミの下はかなり建物へのダメージがありそうです。これはリフォームにも結構費用がかかるかもしれません」

部屋から出て今後のことを打ち合わせます。

「ご遺族の方とは連絡が取れたのかい？」

「まだ直接お話しできていませんが、留守番電話とメールにて状況は報告しています。警察からも連絡をすると言っていたので、近くコンタクトは取れると思います」

「この部屋の回復にかかる費用はご遺族の負担となるけど、そんなに負担できるものかね」

「一応、できる限りの交渉はやってみますが、最悪の場合、相続を放棄される可能性がありま す」

「そうだよね。放棄しちゃうかもね。まぁ、上手にさ、やるだけやってみてよ」

「わかりました」

翌日、西田さんのご遺族である妹さんから連絡が入りました。時間を調整し直接お会いしていろいろとお話を伺ったところ、その妹さんが唯一のご遺族であることが判明しました。

そこで私は今回の西田さんの死に関係した現実的な内容として、特殊清掃やリフォームのこと、賃貸借契約のことなど、西田さんの相続に関係することを説明するのですが、この説明にはお金に関する内容が多分に含まれます。時間が進むにつれ、妹さんの顔はどんどん青ざめていきました。

そして、疲れ切った表情の妹さんと別れてから10日ほど経った頃、私宛てに一通の書面が届きます。そこには『相続放棄をすることに決めました』というメッセージが書かれていました。


「児玉さん。もうすぐ退社するんだって？　後任の人から連絡があったよ」

綺麗にリフォームされた西田さんの部屋。オーナーと私はリフォームの完了確認のため、その場所に来ていました。

「はい。引き継ぎも終わりました。こちらのリフォーム確認が私の最後の仕事です。それにしても綺麗になりましたね」

「まあね。かなりお金がかかったよ。ご遺族は相続を放棄するし、今回は保険の適用もほとんどできなかったからね」

「その節は……」

「いやいや、児玉さんのせいじゃないよ。よくやってくれたと思ってるよ」

「ありがとうございます」

「でもさ、これは最後の確認だけど、これだけ部屋を綺麗にしたんだからさ。家賃を下げる必要はないよね。だって、国土交通省のガイドラインにも孤独死は告知の必要がないと書かれているし……」

「オーナー。この部屋には告知義務が発生します。確かに孤独死の場合は告知の必要はないと書かれていますが、それは孤独死された後、早期に発見された場合です。今回は腐敗が起こり、特殊清掃も実施したため告知の対象となってしまいます」

「じゃあ、やっぱり家賃を減額する必要があると？」

「はい。何度も申し上げておりますが、告知義務のある部屋の空室対策や入居者募集に関して、一番効果が高いのが家賃の減額なんです」

オーナーは何かを考え込み、そして言いました。

「児玉さん、それは酷すぎるよ……」

「え？」

堰を切ったようにオーナーが話します。

「児玉さん、やはり私は納得いかないよ。部屋で人が亡くなることは仕方がないよ。止めようがない。相続放棄だってそうさ。放棄という選択もその人の権利だからね。仕方がない。そしてこのアパートは私の建物だ。だから汚れたら綺麗にして次の人に使ってもらえるようにするのは私の役目だよ。お金がいくらかかろうともそれは仕方のないことなんだ。でもさ、考えられる限り部屋を綺麗にすることで仕切り直し、前向きに運用をしたいと思っても、その妨げとなる告知や心理的瑕疵《かし》というものは一体いつ消える？　ガイドラインでは概ね3年間とは書かれているけれど、借主に質問されたらそれは伝えなければならない。とも書いてある。つまり心理的瑕疵は消えないんだよ。一度ついてしまった悪いイメージはいつ消える？　児玉さん教えてよ。さすがにこの仕打ちは救いようがない……」

このオーナーの言葉を聞いて私はあることを思い出しました。

『児玉さん。人が亡くなったことで建物や部屋につく悪いイメージ。心理的瑕疵っていうのだけど、これを消す方法はないのかなぁ……』

２００７年。私がまだ不動産業界に入りたての頃。まだ事故物件という言葉も定着していなかった時代。初めて担当した事故物件のオーナーから言われた言葉です。

「オーナー、今を乗り切ることが先決です！」

先輩や上司の言葉を借りてそのときはそう答えたのです。納得したのか、しなかったのか、複雑な表情を浮かべたそのときのオーナーの顔を思い出しました。そして気づきます。

「15年経っても、事故物件に対するオーナーの気持ちや感じ方、業界の事故物件への対応方法は、一切変わっていなかったのか……」

「ねぇ児玉さん。児玉さんは管理会社の責任者として、その辺りはどう考えているんだい？」

ハッと我に返りました。

「オーナー。事故物件に対しての家賃減額。今やこれは業界の一種の慣習となっています。それ以外の運用方法は今のところ皆無です」

「やっぱり事故物件を普通に貸すことはできないということだね」

「でも少し待っていてください」

「ん？　何か方法があるの？」

「今月末に退社した後、数カ月後に私は会社を起こします。その会社であれば、もしかしたら……」


これが契機となり、私は普通の不動産会社ではなく、事故物件の価値を取り戻すというコンセプトを持った会社を企画することとなります。気持ち悪く感じるモノやコト、不可思議な出来事を〝オバケ〟と呼び、その有無を調べることで物件の価値を元に戻せるのではないかと考えました。

「建物や部屋の価値を取り戻す会社……。価値を戻す……。よし！」

この瞬間、株式会社カチモードが誕生したのです。

#013

簡易報告書

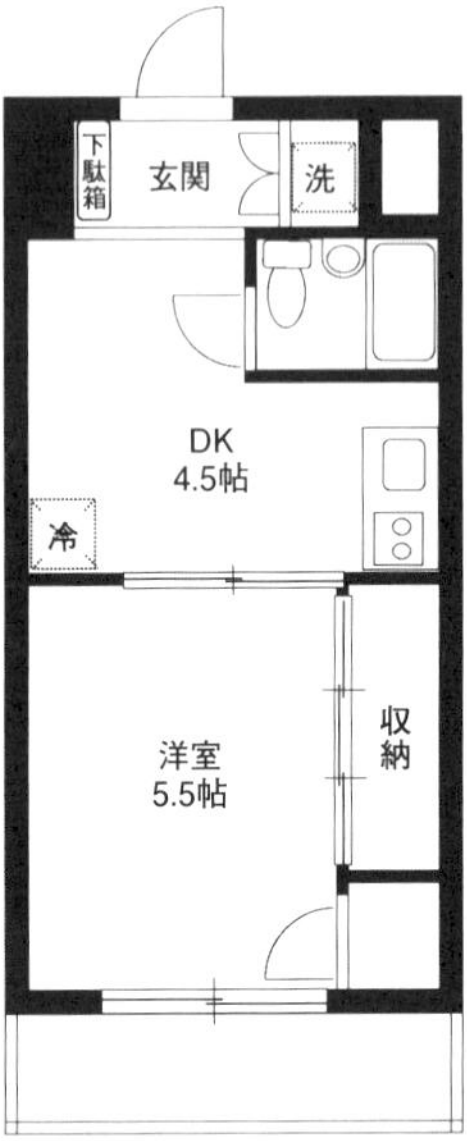

東京都内東部
築古賃貸アパート（木造2階建）

【概要】

- 当該物件に入居中の50代の男性が孤独死し、遺体が腐敗
- 特殊清掃およびリフォームを実施し、費用を遺族に請求
- 遺族の相続放棄によって、修繕費用全額を物件所有者が負担

【経過】

原状回復完了後も、再募集時に家賃を減額

#014

霊能者の予感

「**カチモード**のオバケ調査というのは、飛び降り自殺のあった建物でもお願いできるのですか？」

です。

2月の寒い時期にオバケ調査の依頼がきました。不動産を所有する女性オーナーからの連絡

「はい。大丈夫ですよ。建物の情報と飛び降り自殺が起きてしまったときの状況を簡単でいいので教えていただけますか？」

「ええと……」

カチモードを起業して数カ月。オバケ調査の依頼は徐々に増え、マンションなどの共用部で発生した飛び降り自殺などにも対応するようになっていました。また、当初は一都三県にて限定していた調査エリアも様々な依頼をこなしていくうちに全国展開となっていきました。

「四国にある6階建ての建物です。入居者ではない他県から来た方が6階の外階段を乗り越えて飛んでしまい、エントランス横に落ちてしまったんです。夜のことではあったのですが、すごい音が鳴ったようで外に出てきた方も多く、それを目撃したほとんどの入居者が退去してしまいました。入居者募集の活動をしようにも共用部の死亡事故は入居希望者全員に告知の必要があるでしょ。本当に困っているんです。なんとか助けてもらえませんか？　お願いします」

「わかりました。ご協力させていただきます。オバケ調査の機材に関する細かいセッティングは、現地を確認した上で決めたいと思いますが、今回は、人が飛んだ場所と着地した場所、飛

んだ場所から一番近い部屋という、3カ所が調査対象となります。ちなみに飛ばれてしまった場所から一番近い部屋には、現在入居者の方はいらっしゃいますか?」

「いえ、その部屋に住んでいた方も退去されました。今は空室です」

「ではその部屋に滞在させてください。その部屋の調査をしながら飛んだ場所と着地した場所を同時に調査させていただきます」

「承知しました。よろしくお願いいたします」

こうして私は四国の飛び降り自殺のあった物件のオバケ調査に乗り出します。


2週間後。女性オーナーと約束した調査日です。当日は空港で待ち合わせし、そのまま車で建物までご案内いただくこととなっていました。

「はじめまして。株式会社カチモードの児玉と申します」

「こちらこそはじめまして。今回はよろしくお願いいたします。それにしても、すごい機材の量ですね」

「そうですね。今回は3カ所を同時に調査する必要があるので少し荷物が多くなりました」

「頼もしいですね。それでは早速建物にご案内します。どうぞ、こちらへ」

「はい。よろしくお願いします」

オーナーの車に案内され、50分ほどで建物に到着しました。現場のエントランスにはひとりの女性が待っており、敷地内に入ってきた私たちの乗った車に向かって会釈をしています。女性の前を通り過ぎ、車を駐車させているオーナーに私は質問します。

「オーナー、エントランスにいらっしゃった女性はどなたですか？」

「はい。建物の担当者さんです。管理会社の方ですね」

「あの方が管理会社の担当者さんなんですね」

車を降り、エントランスに向かいます。そして管理会社の女性と顔を合わせます。

「はじめまして、株式会社カチモードの児玉と申します」

自己紹介と名刺をお渡ししようと、恰幅の良い50歳前後と思われる女性担当者さんに近づくと、担当者さんの顔は青ざめ、腰が引けている状態となっています。

「どうされました？」

「いえ、なんでもありません。あなたが児玉さんなんですね。わ、私はこちらの物件の管理を担当している佐藤です。よろしくお願いします」

「はい。よろしくお願いします」

名刺をお渡しするために近づこうとすると……

「児玉さん、近づかないで。あ、失礼しました。よろしくお願いします……」

そして佐藤さんは半身となり、左手に持った自身の名刺を、最大限に腕を伸ばすことで距離を取りながら私に押し付けてきました。恐らく私と佐藤さんとの間には2メートルほどの距離があったのではないでしょうか。その後、私の出した名刺をサッと受け取り、そのまま2歩3歩と佐藤さんは後ずさりします。今までそのような名刺交換を経験したことがなかったため、とても驚くと共に、何か悪いことをしてしまったかな、と思いつつも、予定通り物件の案内はしていただきました。説明の間も佐藤さんが私に近づくことはなく、目も合わせてくれません。しかしその説明はとてもわかりやすく、オバケ調査を実施する上でとても参考になりました。

ひと通りの建物案内と質疑応答が終わると佐藤さんはそそくさと帰っていきました。すかさずオーナーが口を開きます。

「児玉さん、すみませんでした」

「何がですか？」

「いえ、なんか佐藤さんの様子がおかしかったものですから……」

「ああ。やっぱりおかしかったんですね。あんな名刺交換は初めてだったのでびっくりしました。いつもはどんな感じなんですか？」

「今日とは正反対ですよ。いつも笑顔で、失礼なことなんて何もない……。お付き合いも結構長いのですが、あのような姿、初めて見ました」

「そうですか……。それでは今日は佐藤さんに何かいつもと違うことがあったのですね」

「かもしれません……」

「でも説明はとてもわかりやすかったです。この後、早速オバケ調査の準備に取りかかります」

「はい。よろしくお願いします」

オバケ調査は予定通り22時に開始し、翌朝6時に終了しました。機材を片付け、10時からの簡易報告に向けた準備をしようとしていたところ、携帯電話が震えだします。オーナーからの着信でした。


「おはようございます。昨夜の調査はいかがでしたか？」

「オーナー、おはようございます。はい。実はいろいろとありまして……。後ほど10時に皆さんと集まった際にご説明させていただきます」

「わかりました。ひとまずはご苦労様でした。では後ほど……」

「はい。よろしくお願いします」


10時少し前。建物のエントランスにオーナーと佐藤さんが到着しました。

「おはようございます。オーナー、佐藤さん」

「おはようございます。先ほどは調査が終わってすぐに電話してしまってすみませんでした」

「いえいえ、大丈夫ですよ」

「児玉さん、おはようございます」

「え？　は、はい。おはようございます。佐藤さん」

佐藤さんの様子が昨日とまったく違います。明るく、気安い感じで話をしてくれます。

「あの早速、昨日の調査の件、お教えいただけますか？　いかがだったのでしょうか」

佐藤さんに戸惑う私をよそに、オーナーが口火を切ります。

「は、はい。それについては……」

私は昨夜起きた出来事を簡易的にではありますがオーナーと佐藤さんにお話ししました。

「詳細は帰社してから報告書にまとめますので、よろしくお願いします」

「わかりました。資料の完成をお待ちしております」

「あの……」

佐藤さんが何かを言いかけたそのとき、オーナーの鞄から着信音が響きます。

「あ、すみません。少し外して電話に出てきます」

オーナーが敷地の奥へ歩いていき、その場には佐藤さんと私が残されました。少し気まずい時間が流れます。すると佐藤さんが口を開きます。

「あの……児玉さん。昨日はすみませんでした。失礼しました」

やはり昨日と態度がまったく違います。

「いや別に大丈夫ですよ。オーナーからも聞いたんですけど、昨日は何かあったんですか？」

「それが……。少し変な話になってしまうんですが、オーナーもいないのでお伝えしますね」

「はぁ」

「実は私、能力があるんですよ。少しだけ視えるんです」

「霊的なモノをということですか？」

「はい。それで……。昨日は児玉さんの身体の周りがすごいことになっていたので驚いてしまって」

「何がすごかったんですか？」

「いろいろなモノが憑きまとって、渦巻いていましたよ」

「渦巻いていた……」

「はい。だから児玉さんがふざけ半分でこのようなお仕事をしていたら危ないと思って、実は今日はそのこともお伝えしたいと思っていたんです」

「ふざけてオバケ調査はしていないですよ」

「そうですね。先ほどの話を聞いてよくわかりました。管理会社の勤務経験を活かした内容と機材を利用した数値化。困っているオーナーのために動いていらっしゃいます。だからなのかもしれませんね」

「何がですか？」

「今日はまったく変なモノが児玉さんの周りにいないんです。昨日はもしかしたら、それらが興味津々で児玉さんを見に来ていたのかもしれませんね」

「そんなことがあるんですか？」

「はい。あるんです」

そこで佐藤さんは一拍の間を取って続けます。

「児玉さんはこの仕事を続けられるんですよね」

「はい。そのつもりです」

「そうであれば、覚えておいてください」

「なんでしょうか」

「児玉さんのお仕事はどうやっても霊に触れるものなんです。だから、能力というのでしょうか、どうしてもその、洗練されてしまうのです」

「能力が、洗練される……」

「はい。能力については児玉さんには心当たりがあるはずですよ。だって、児玉さんは〝臭い〟を感じることができますよね」

「……なんでそれを佐藤さんが知っているんですか？」

確かに私は、入室しない方がいい物件などに足を踏み入れる際、特殊な臭いを感じることができました。しかしこのときの私は、その臭いがすることをごく近い限られた人にしか伝えていませんでした。

「なんとなくです。でも、言葉はおかしいですが、児玉さんは鼻で見分けるのだな。ということがわかるんです」

「では、この鼻の能力が洗練されるということですか？」

「それもあるかもしれないですけど、きっと違う能力が身に付いてしまう可能性が高いです」

「それは、具体的には……」

「たぶんですよ。たぶんですが……児玉さんがこの仕事を1年、もしくは2年続けていったとしたら、きっと耳に変化が起きます。聞こえるようになるのではないかと思います」

「聞こえる……。霊的な声とかがですか？」

「声かどうかはわかりません。物音かもしれませんし。でも何かしらが聞こえるようになるのではないかと思います」

「声か、物音か、とにかく何かが聞こえるようになるというのですか？」

「はい。恐らく……」

ふと、あることが頭を過《よぎ》りました。

「もし聞こえるようになったとして、その後もですよ、オバケ調査を続けたとしたら……」

「ええ。次はきっと視えるようになるはずです」

「そうですか……それもやはり聞こえるようになってから数年。という感じですか？」

「その……視えるタイミングというのは、音が聞こえ始めてから何年後なのか、もしかして聞こえてしまってからすぐなのかはわかりませんが、遅かれ早かれだと思います」

「洗練されてしまうのは止められないということですね」

「はい。今の仕事を続ける限りは。もし、近い将来、いろいろなモノが視えるようになってしまったら、児玉さんはすごく困ることになると思います。そのときにはこちらに連絡をしてください」

佐藤さんが出したのは、男性の名前の書かれた名刺でした。

「この人は誰ですか？」

「児玉さんが困ったときに恐らく助けてくださる方です。これからも気をつけて仕事をしてくださいね」

「はい。わかりました。ありがとうございます」

半信半疑の中、私はその名刺を受け取り、何に気をつけるのかもはっきりとしないまま、そのように答えました。そこに電話を終えたオーナーが戻ってきました。

「あら、昨日は微妙な感じでしたが、すっかり仲良くなられたんですね」

オーナーがそう明るく言い、それに佐藤さんが返します。

「そうですよ。オーナーの電話していたこの短い時間で関係を深めていたんです！　ねぇ、児玉さん」

「ハハハ……。そうですね。親交を深めていたんですよ」

このときの私には、佐藤さんの呼び掛けに合わせながら、愛想笑いをするより他はありませんでした。

#014

簡易報告書

四国地方某県都市部
賃貸マンション（RC造6階建）

図面なし

【概要】
・当該物件の外階段から飛び降り自殺が発生
・調査依頼を受け、事故物件の現場調査を実施
・当該物件の管理担当者が不可解な言動を繰り返す

【経過】
調査後、当該物件の管理担当者から注意喚起を受ける

#015

その戸建てに潜むのは

盆休み

明けの気だるい夏の日。青い空に浮かぶ入道雲をクーラーの効いた事務所の窓から眺めていたときに、その電話は鳴りました。

「お電話ありがとうございます。カチモードの児玉です」

「児玉さん。ご無沙汰しています。堀田です」

「えっ、堀田さん？　ご無沙汰しています」

堀田さんは、不動産会社の社長を務めながら自らも不動産のオーナーとして生計を立てている方です。しかし、くせ者と評される面もあり、あまり借りを作りたくない人物でもあります。

「どうされたんですか？　急に」

「どうされたじゃないよ。児玉さん。仕事の依頼だよ」

「オバケ調査のご依頼ですか？　それはありがとうございます。でも堀田さん。以前、事故物件なんて会社でも自分でも絶対に買わないっておっしゃってましたよね？　とうとう買われたんですか？」

「本当はさ、買いたくなかったんだよ。でも付き合いってあるでしょ。それに破格だったからさ。ついね……個人で買ってしまったんだよ」

「そうなんですか……。それで物件というのはどんな建物なんですか？　マンションですか？」

「2階建ての戸建てだよ。築30年ってところだね。場所は……」

堀田さんが物件の細かい住所を教えてくれたため、すぐに検索エンジンで現場を確認します。

「へえ。いい場所にあるじゃないですか。家も築年数の割には綺麗に見えます」

「そうでしょ」

「この戸建てはいくらだったんですか？　さっき、破格と言っていましたが」

「聞いたら驚くよ」

「この辺りの築30年の戸建てって、２５００万円くらいですか？　それが事故物件だから、１０００万円から１２００万円くらいですか？」

「もっと安いよ」

「では……８００万円くらい？」

「……２００万円だよ」

「えっ？　２００万円？　いやいや堀田さん。どんな凄惨な事件があった家なんですか？」

「凄惨な事件なんてない。孤独死だよ。孤独死。１階の居間で一人暮らしの男性、70代の家主が亡くなっているのが先月末に見つかったんだよ」

「発見されるまではどのくらい日数が経っていたんですか？　ミイラ化とかですか？」

「ないよ、そんなこと。１週間前後だと聞いている。でも先月末の頃はもう暑かったでしょ。腐敗はかなり進んでしまっていたようでご遺体はすぐに運び出されたみたいだけど、私が入ったときにも臭いと虫の死骸が……ね。すごかったよ」

「特殊清掃は堀田さんが手配されたんですか？」

「そう。買い取った後にね」

「それにしてもですよ。私は直接物件を見ていないのでなんとも言えませんが、これだけの家です。なぜご遺族の方はそんなに売り急いだんですか？　しかも200万円って。あり得ないですよ」

戸建て内で発生した出来事に対して安すぎる取引価格。絶対に何か他にも理由があるはずです。

「それには理由があってさ……」

「やはり理由があるんですね」

堀田さんが続けます。

「この家を相続したのは孤独死された家主の息子なんだよ」

「家主の奥さんではなく、お子さんが相続したんですね」

「そう。家主には息子の他に妻と娘がいたみたいなんだけど、2人ともすでに鬼籍に入っていてね。だからすべての財産を引き継いだのは息子なんだ。でもその息子が精神的な病気でね、普通のときはいいみたいなんだけど、スイッチが入ってしまうと大変な人のようで……」

「その息子さんの年齢はいくつぐらいなんですか？」

「37歳と聞いている。それで今回、この戸建ての売買の話を持ってきてくれたのが、私がいつもお世話になっている役所の担当者なんだ。その息子を担当している方なんだけど、最初、連絡を受けたときには売買ではなく、単に不動産のことで相談があるというだけだったんだよ。一日でも早く戸建てを手放したいんだけど、どうすればいいのか、ってね」

「息子さんが戸建てを早く手放したい理由はわかっているんですか」

「そこが私も気になってね。だから聞いたんだ。なんでですか？って。そうしたら……『20年ほど家にはろくに帰っていないし、いい思い出もない家だから一刻も早く手放したい』と息子が言っているという回答がきた」

「20年間、家にいなかったんですか？　37歳だったら、17歳からですよ」

「そのくらいのときから入退院を繰り返し始めたらしい」

「なんとなくですが、ヤバいですね。それに、いい思い出がないっていうのは、何があったんですか？」

「言いたがらないらしい」

「……堀田さん。なんでよりによってそんな物件を買ってしまうんですか。今の話を聞いただけでも、普通は嫌でしょう」

「だから付き合いなんだって」

「そうですか。あとはきっと、破格だったからですよね」

堀田さんが苦笑いを浮かべた気がしました。

「一応確認しますが、今後の運用方針はどうお考えなんですか？　やはり……」

「児玉さんに相談しているんだよ。決まっているでしょ。賃貸運用だよ。しかも事故物件。だからこれは児玉さんの出番なんだよ」

「そうですよね。わかっていました。他でもない堀田さんのお願いでもありますし、やりますよ。では早速、日程を決めましょうか。あと、それまでに役所の方経由で構いませんので、もう少しその戸建ての実情について調べてきてください。いい思い出がないという部分は『言いたくない』で済ませず、特にしっかり確認してください」

「わかったよ」

「よろしくお願いします！」


2週間後。私は堀田さんとの約束通り、17時に件の戸建て住宅に到着し、その外観をまじまじと見上げていました。するとそこへ堀田さんが到着します。

「ごめんね。児玉さん。私が体調を崩してしまったばっかりに間が空いちゃった」

「いえ、それはしょうがないです。気にしないでください。それにしても……」

「何かあった？」

「いえ、何も。外観と敷地の周りを確認しましたが、良い建物ですね」

「確かにね。白を基調とした見栄えの良い家だよね。よし。とりあえず中に入るよ」

堀田さんは鞄から鍵を取り出して玄関ドアを開けます。

「どうぞ」

堀田さんに促されるまま中に入り、玄関部分から室内を観察します。玄関を入ってすぐ右手側に脱衣所と浴室があり、廊下の左手に2階に上がる階段とトイレが並んでいて、その向かいがキッチンへの出入り口となっています。概ね、事前にもらっていた図面通りの間取りとなっているなと感じました。

「家の中に上がりますよ」

「うん。土足のまま上がっちゃって」

「了解です」

言われるままに土足で上がり込んだ室内は、特殊清掃までを終えたと堀田さんが言っていた通り、家主の所有物はすべて処分されて何もない状況となっていました。そして脱衣所や浴室、トイレを確認。キッチンを横目に見ながら居間方面へと入ります。

「うぅ……。堀田さん。腐臭が戻ってきていますよ」

壁紙、畳などの床材、設備がすべて取り外され、唯一、裸電球だけが天井からぶら下がっている居間に足を踏み入れた際、不意に室内に漂っていた腐臭を吸ってしまいました。

「特殊清掃でやったんだけどね。臭い対応も」

「それはわかってますよ。強い腐臭ではないですから。恐らく当初よりは随分と軽減されているのでしょうけど、まだ不完全です。賃貸運用するのであれば、このままではダメですよ」

「なかなか臭いが取れないんだよね……」

軽い腐臭の漂う中、居間の中を見回すとその奥側の床の滲《し》みが目に留まりました。

「堀田さん。あの奥にある床の滲み、あそこで家主が亡くなっていたんじゃないですか？」

「そうだけど……」

「臭いの原因はあれじゃないですか。あの部分はしっかり切り取って床を張り直さないと、この臭いはずっと残り続けますよ」

「そ、そうだね。今回の調査が終わったらすぐに手がけるよ」

「調査後にはしっかり対応してください。といっても、これから私はここに一晩滞在するんですからね」

「ごめんね。児玉さん……」

「頼みますよ、本当に」

と、私は怒ったフリをしながら悪態をついていたのですが、重要なことを思い出しました。

「それよりも堀田さん。前に言っていた、息子さんの良くない思い出というのはわかりましたか？」

「ああ、教えてもらったよ。それがさ……」

堀田さんは困った顔をしながら、役所の担当者から伝えられた内容を話してくれました。

「その息子は現在も精神的に不安定だから、情報の正確性を求めないということで聞いてほしい。と役所の担当者が前置きした上で教えてくれた内容なんだけどね」

「はい。それでなんと言っていたのですか？」

「母親が20年前にこの家の2階で変死していたらしい」

「〝らしい〟というのは？」

「事件にもなっていないし、そのときの様子を把握している人が今や誰もいないので裏が取れないということのようだよ」

「息子さんがいるじゃないですか」

「息子はそのときにはすでに入退院を繰り返すような状態になっていて。よく覚えていないんだってさ。だから母親が2階で死亡したとはいうものの、その場所も定かじゃない」

「家主である父親が亡くなる20年も前にこの家で人死《ひとし》にがあったんですね。それにしても、息子さんはそんな状態で大丈夫なんですか？」

「大丈夫かどうかはわからないけど、私がお会いしたときには普通だったよ」

「父親が孤独死、母親は20年前に変死、自分は精神的な病……。娘は？　娘さんはどうして亡くなったんですか？」

「娘は……その息子の姉だが、一人暮らしをしていたアパートで自殺をしたらしい」

「姉は自殺しているんですか？……それはいつ頃？」

「10年ほど前らしいよ。そのとき息子は入院していて、普段は病院には顔を出さない姉が珍しくお見舞いに来たことがあったらしいんだけど、タイミング的にはその後に縊死したようだね」

「それじゃあ……亡くなった順番は母親・姉・父親で、それぞれ変死・自殺・孤独死ということなんですね。事故物件となる原因のオンパレードじゃないですか……。でも姉の死はこの家とは関係がないのか……」

「それがね。児玉さん。姉も関係ないわけではないんだよ」

「どういうことです？」

「この家は、元々母親の所有物だったんだけど、その受け継がれ方が微妙でね」

「確かに私も登記簿謄本を見て思いましたが、最初に所有者として登録されていた女性は母親だったんですよね。でもその後、相続で引き継がれていたのも女性でしたよ」

「それが姉だね」

「え？　それはおかしくないですか。なんで母親の物件を父親が引き継がず、姉が引き継ぐんですか？」

「姉は母親の連れ子だったらしいんだ」

「あっ、複雑ですね……」

「だよね。だから父親は、母親名義の家ということで、その実娘である姉の名義にしたんだろうけど」

「まぁ、わからなくはないですけど。それでその後、姉が亡くなってしまったために父親が相続人になって、登記簿謄本の所有者欄に男性、つまり父親の名前が入ったんですね。でも、堀田さん、姉とこの家の関係性がまったく見えません」

「児玉さん、よく考えてみて。この家の受け継がれ方で何か気にならない？」

「受け継がれ方ですか？　20年前に母、それから姉、父と……。あっ！」

20年前に当時所有者だった母親が亡くなり、その家を相続した姉がその10年後に死亡。さらにそれを相続した父親がつい先日に孤独死。

「家を相続した所有者全員が、家を引き継いだ10年後に亡くなっている……」

「そう。きっと息子はそれに気づいているんだよ。だから自分に名義が移った後に即座に手放そうとしたんだと思う」

「自分が所有者になっていたらどうなるかわからない。例に倣えば10年後に自分が死んでしまうから、ってことですよね」

「うん」

「息子さん意外と鋭いじゃないですか。本当に精神的にまいっている人なんですか？」

「そう聞いてはいるけどね」

「……」

「児玉さん、何を考えてるの？」

「いや、気づいてしまったんですが、10年間所有者だったから皆さん亡くなったんですかね？」

「ん？　どういうこと？」

「よくある呪いにまつわるジャパニーズホラーですよ。何かと関係を持ったら、いついつに死ぬ。それを回避したいならば……というやつです。今回の流れはそれに近くないですか？」

　堀田さんが怪訝な面持ちになります。

「待ってよ、児玉さん。待てって。どういうこと？　説明して」

「根拠はないですよ。可能性の話です。所有者が10年後に亡くなるという条件が、10年間物件を所有し続けることではなかったとしたら……。例えば、一度でも正式な所有者として記録されるだけでその条件を満たしてしまうのだとしたら、息子さんもそうですが、今現在の所有者として記録されてしまった堀田さんも、実はもうすでに巻き込まれているのではないかな。と思っただけです」

「おいおい。嫌なことを言うなよ。所有し続けて10年経たなければ大丈夫だろ？」

　堀田さんの顔が青くなってしまいました。

「ちょっと堀田さん、顔色が。冗談ですよ。冗談。本気にしないでください」

「冗談じゃない。本気にもするよ。だって内心、買うんじゃなかったと後悔しているんだからさ……」

　泣きそうになる堀田さん。

「ごめんなさい。堀田さん。本当に冗談です。大丈夫ですって。部屋の臭いが気になる中で一晩過ごさなくてはならないのでちょっと意地悪しました。申し訳ないです。ごめんなさい」

「いい加減にしてよ。本当に冗談が過ぎるよ」

「でも10年後が楽しみですね！」

「まだ言ってる！」

「ははは っ。いやしかし、真面目な話ですが、この家は二重の事故物件ということですよね。母親は2階のどこで亡くなったのか、怪しいと思った場所はあるんですか？」

「……うん。それがわからないんだよ。すでに私は家中を確認しているけど、そんな痕跡は見つからなかった」

「20年も前のことですもんね」

「それはそうと、1階の確認はもう大丈夫かい」

「ええ大体。では堀田さん。早速2階へ行きましょう。母親の痕跡探しも兼ねて」

「余裕あるね。児玉さん」

「余裕なんてないですよ。正直、今の話を聞いて、2階になんて行きたくないです」

「児玉さんでもそうなのかい？」

「怖いものは怖いんですよ。私も」

「そうなんだ……。なんかそれを聞いて少し安心したよ」

そして居間から玄関方向に戻り、2階への階段を上り始めます。

「2階は暗いですね。これじゃあ、夜は真っ暗だ」

「児玉さん安心して。2階も照明だけは残しているし、それに通電もしてるから」

「堀田さん。この家、照明が使えるんですか？　そういえば1階にも裸電球がありましたよね」

「そうだよ。照明がないと何かと不便でしょ。1階の特殊清掃や残置物の処理なんかは近隣に迷惑がかからない程度に日暮れ以降もやっていたからね。それに2階は家主の所有物とかの残置物は全部処分したけど、特殊清掃はやっていないから、壁紙や畳は触っていないし、元々の照明は取り付けたままだよ」

「ありがとうございます。あんな話を聞いた後なので少しホッとしましたよ」


階段を上り切るとそこは廊下となっており、トイレと小さな独立洗面台があります。2階にあてがわれているのは洋室2部屋と和室の合計3部屋です。

「この廊下で亡くなったわけではないですよね」

「死因はわからないけど、廊下ではないと思うよ。そんなことができる場所はないでしょ」

「そうですよね。じゃあトイレか？　いや、ここでもない……か」

私は手早く2階の廊下とトイレを確認しましたが、変に修繕された跡や違和感などもまったくありませんでした。

「どこかの部屋で亡くなったんですかね」

「どうだろう。和室は汚いんだけど、それ以外は特に気になる所はなかったんだよね」

そう言いながら、堀田さんが部屋のドアを開けてくれます。

「1部屋目の洋室だよ」

ドアを開けた先は5帖ほどの洋室。半間《はんげん》分の収納が付いているその室内には物がなく、壁紙やフローリングには相応の年季は入っていますが、どちらかといえば小綺麗な部屋です。

「普通でしょ」

「はい。この部屋は至って普通ですね」

「それで、こっちがもうひとつの洋室だよ」

5帖の洋室を出て、ちょうど向かいに当たる部屋の引き戸を開けます。

「どう？」

「6帖くらいの洋室ですね。ここも普通ですが……。こちらは元々和室だった部屋を洋室に変えたのかもしれないですね」

「へえ、よくわかったね」

「収納のサイズが和室の押し入れサイズですし、出入り口も引き戸なので。元は襖だったのかな、と。あと、6帖より一回りだけ大きい部屋なので板の間があったのだと思いました。でも、この部屋にも違和感はないですね。母親が亡くなったのはこの2部屋ではなさそうです」

それじゃあ和室か、と堀田さんがつぶやきます。

「和室はそんなに荒れているんですか？」

「そうなんだよ。ちょっと見てよ」

堀田さんが和室へと続く襖を開けます。

「うわ。本当だ。荒れてますねぇ」

「そう。この部屋だけすごいんだよ」

和室の畳は黒ずんだ上にささくれ立つように荒れ、障子と襖はボロボロ、壁には穴がいくつも開いています。

「この部屋、このままで家主はずっと過ごしていたんですよね」

「そうだよ。これが家主の亡くなったときそのままの状態なんだから」

「それにしてもこれは……。きっとこれ、息子さんの部屋ですよね」

「多分そうだと思う」

「精神的にまいっていたのかもしれませんが、20年間ろくにこの家に帰っていないのならば、この状態は当時17歳の息子さんが暴れていた状態のままということですよね。結構、ヤンチャをしていたのですね」

「しかも家の人たちはなぜか誰もこの状況をずっと直さなかった。何か意味があったのかね？」

「よくわからないですけど、この家の闇を感じる部屋ですね」

「じゃあ、母親はこの部屋で？」

「いや、それはなんとも……。母親の最期の場所、わかりませんね」

そのとき、ふと、天井を見上げるとそこには大きな滲みがありました。

「堀田さん。この天井の滲みは漏水ですか？　それにしては……。なんだろう？」

楕円形のような大きな滲みを部屋の入り口部分から確認しつつ、ふとその視線を部屋の外、廊下の天井に移しました。

「あれ？」

さっきは気づかなかったのですが、そこには縦90センチほど、横60センチほどの出入り口がありました。そしてその出入り口は蓋で塞がれています。

「堀田さん。この家、屋根裏部屋があるんですか？」

「え？　あるよ。畳2帖分、1坪スペースの収納になっている」

「収納スペース」

「そう。空っぽで何もない」

「私にも中を見させてください」

「それが……。児玉さんごめん。出入り口を開閉するためのシャッター棒を忘れてしまったんだ」

「家には備え付けていないんですか？」

「元々この家にはシャッター棒がなかったんだよ。前回この中を確認したときには社用車で来ていたから、そこに入っていた自前のもので開けたんだよ。でも今日はごめん。忘れた」

「えっと、では今日は屋根裏を確認できないんですね」

「そうだね……。明日、児玉さんのオバケ調査が終わるのは朝6時だよね。6時半にはまた戻ってくるから、そのときに持ってくるよ。それじゃダメかな」

言い知れぬ嫌な予感を覚えましたが、私はそれを承諾しました。

「わかりました。大丈夫です。明日、持参してくださいね」

こうして堀田さんとの室内確認は屋根裏部屋を見ることなく終了するわけですが、結局、母親が亡くなった場所は特定できませんでした。

「それじゃあ、これから明日の朝までがんばってね。余計なことかもしれないけど、照明は点けておいた方がいいと思うよ。特に2階はね」

「お気遣いありがとうございます」

「じゃあ、明日は6時半には来るようにするから」

「はい。よろしくお願いします。シャッター棒は忘れないでくださいね」

わかったよ、と言いながら堀田さんは足早に自家用車に乗り、去っていきました。

21時30分。機材の設置が完了しました。今回準備した機材はビデオカメラ2台、録音機2台、電磁波調査機、温度湿度計、大気圧計、風力計、サーモグラフィーカメラというオーソドックスなもので、家主が孤独死された1階の居間部分について、何か異常が発生するかどうかを確認することが目的です。堀田さんの物件購入に関する経緯を聞いたことでいろいろと不可解な事柄にも気づいてしまいましたが、調査の目的自体はとても簡潔です。

「22時となりました。これからオバケ調査を始めます」

ビデオカメラに向かっての開始宣言。いつもと変わらない流れで今回のオバケ調査もスタートしました。

23時30分。各機材の数値に異常はありません。

エアコンのない室内で汗をタオルで拭いつつ、水分補給をしながらの作業が続きます。真夏の時期は過ぎているとはいえ、温度計に表示される数値は32度を超えています。

「数字を見るとなんか室温以上に暑く感じるな」

元々オバケ調査では、室温や湿度、風力の数値を計測することから、エアコンなどの空調機器は基本的に使用しません。さらには窓も閉め切っているため、部屋は蒸し風呂状態となることもあります。ひとりでの調査。蒸し暑い室内。独り言も時折出てしまいます。裸電球のみの薄暗い中、それでも時間は少しずつ経過していきます。

1時30分過ぎのことです。それは唐突に発生しました。室温に異常が出たのです。

「なんだ？　急に暑くなったぞ……」

急いでパソコンにつなげている計器を確認します。

「なんで？　36度まで室温が上がっている……」

夜間、室温が下がるのならわかりますが、上昇するのは異常です。そして……。


パキッ。ポキッ。パチンッ。


室温が上がるとすぐに家鳴りが始まりました。

「室温上昇の次は家鳴り……？　なんだ？　急にいろいろ始まったけど……」

深夜2時前後に家鳴りはよくあること、と言葉を発しようとしたそのとき、

【ドンッ‼】というとても大きい音が天井部分から鳴り響きました。何か重いものを叩き付けたような音です。

「これは2階だよな……。何か重いものが落ちた？」

居間部分から天井を見ながら思い出します。

「さっき2階を堀田さんと確認したときには、洋室と和室に何があった？」

答えは明確です。室内には何もありませんでした。これは、2階の状況を確認する必要があります。

「ハア……」

ため息をひとつついて覚悟を決めます。

「よし。行くか」

2階に駆け上がりました。

「堀田さんが電気を通してくれていてよかった」

内心でそう思いながら洋室2間と和室のそれぞれを確認します。しかし案の定、すべての部屋に異常はありません。がらんとしたスペースがあるのみです。あんな大きな音が鳴るような重いものは置いてありませんし、当然、倒れる物もありません。洋室の収納、和室の押し入れ部分も確認しましたが、そこにも何もありません。

「そうだよな。何もないよ。こんな所であんな派手な音がするはずはないんだ」

2階の廊下から洋室2間と和室の中を代わる代わる覗きながら独り言が出てしまいます。そして頭上にある屋根裏部屋へと続く出入り口がとても気になります。

「まさか、ここからの音だったのか？」

屋根裏部屋への出入り口を見つめ1分ほど、じっと状況を確認しました。しかし何も起こりません。

「何も起きないか……」

音に関する手掛かりをつかめないまま、照明は点けたままにして1階に戻ることとしました。

トン、トン、トン。階段を下り、1階に到着したそのときです。

【ドン!!!】と、先ほどよりもさらに大きな音が家中に響き渡りました。

「うっ」

あまりの驚きに悲鳴すら出ず、ただ息をのむだけ。しかしその音の出所が屋根裏部屋であったことは確認できました。

「堀田さんが来たらすぐに屋根裏部屋を確認しよう」

その後は2階に戻らず、朝6時まで1階の調査を継続しました。幸いにも2回目の音を聞いて以降は室温も30度ほどまで下がり、家鳴りも落ち着いて異常は起きませんでした。


朝7時。堀田さんが戻ってきました。

「おはよう、児玉さん。ごめん遅くなった」

「おはようございます。堀田さん。シャッター棒は持ってきましたか？」

「どうしたの。怖い顔して。もちろん持ってきたよ」

玄関先で堀田さんを出迎え、シャッター棒を奪い取るようにして受け取り、振り返りざまに階段を2階へ駆け上がります。

「ちょ、ちょっと。児玉さん」

まだ事情を知らない堀田さんは私のその慌ただしい様子に面食らっていましたが、そんなことは関係ありません。今は屋根裏部屋への出入り口の蓋を開くのが先決です。

シャッター棒で蓋のロックを外します。そして開いた蓋の裏に備え付けられている折りたたまれた簡易階段を開放すると屋根裏へと上ることができます。

「児玉さん、屋根裏は電気が点くよ。すぐ左側の壁にスイッチがあるでしょ」

追い付いた堀田さんが教えてくれます。

「ありがとうございます。これですね」

上半身だけ屋根裏部屋に身体を突っ込み、スイッチを押します。明るくなった屋根裏部屋を見渡すと、堀田さんの言っていた通り、畳2帖分ほど、1坪スペースの収納となっていました。

そこには何も物は置かれておらず、しかし私は嗅いでしまったのです。

「御札の部屋の臭い……。やっぱり。ここで母親が」

屋根裏部屋の天井高は140センチ。部屋の中に上がり込み、屈みながら部屋の奥に目をやるとその壁際の床が気になりました。小柄な人が膝を抱えながら壁側を向いて寝転んでいる。そんな形の滲みがあるのです。

「ああ……。間違いない。ココだ」

屋根裏部屋の出入り口から、2階で待機している堀田さんに問いかけます。

「堀田さん。この部屋に入ったんですよね」

「当然だよ。入ったよ。でも、何もないでしょう?」

「この部屋で母親は亡くなっています」

「なんでそんなことがわかるのさ」

「この部屋の奥。壁際ですが、人が膝を抱えて寝転んでいるような滲みがあります」

「え？　そんな。まさか、どれがそうなの？」

堀田さんも屋根裏部屋に上がり、壁際を確認します。

「言われてみるとそんな感じにも見えるけど、私にはわからないなぁ」

「その滲みもそうですが、その他にも……」

「その他にも何かあるの？」

御札の部屋の臭いについては、堀田さんに伝えることを控えました。しかしここで、あることに気づきました。

「堀田さん。2階の和室の天井って、この真下じゃないですか？」

「確かに、間取り的にはそうだよね」

「もしかしたら、和室の天井の滲みは漏水ではないかもしれませんよ。だって」

「ねえ、児玉さん。昨日の夜に何があったんだい？」

ただならぬ様子の私を見て堀田さんは尋ねます。

「実は……」

そして私は昨日起きた出来事を堀田さんに説明します。

「夜間にそんな音が……。2階？　いや、この屋根裏部屋で鳴ったんだね」

「はい。間違いなく2回鳴りました。2回目なんて2階から階段を下り切った際に【ドン!!!】

という音で鳴り響いて。それでこの屋根裏部屋からの音ということがわかったんです」

「そうか。じゃあさ、この機会だからさ。児玉さんの録画した映像と録音したデータを今から一緒に確認してみようよ」

「そうですね。そうしましょう」

私は堀田さんからの提案を承諾し、すぐにデータ確認の準備を始めました。

「堀田さん。準備ができましたよ。見てみましょう」

録画データを再生します。

1時32分……室温が上がったとの発言。

1時33分……家鳴りが始まる。

1時37分……児玉2階に向かう。独り言を言いながら、ドタドタと歩き回る。

1時43分……しばらくの無音。

1時44分……2階から下りてきたところで固まる。2階を見上げている。

この間、2回鳴り響いたはずの【ドン!!】という大きな音はどこにも録音されていませんでした。

「児玉さん。これは迫真の演技だね」

「いやいや、堀田さん。演技ではないですって。本当に音が鳴ったんです。重いものを落としたり、叩き付けたような大きい音が……」

「でもさぁ」

その後、それ以上には話は進まずにその日は解散となりました。そして、オバケ調査の報告書が完成したタイミングで堀田さんと再び打ち合わせをしようということになりました。

調査完了から5日後。その日は各機材の数値や映像、音声などの確認作業を終え、当日発生した出来事などと合わせて報告書にまとめる作業に取りかかっていました。しかしその手はもう数時間止まっています。あの日、家中に響き渡った【ドン!!】という音が原因です。あの音は機材には一切記録されていませんが、確かに私は自分の耳でそれを聞いたのです。

「なぜあの音は機材に記録されなかったのだろう」

そうつぶやきながら、ある可能性が頭を過ります。

「もしかしたら、自分にしか聞こえない類いの音なのだろうか。御札の部屋の臭いのように」

ふと、四国でお会いした管理会社の担当者、佐藤さんの顔と言葉が思い出されます。

「臭いの次は音……。まさか。早すぎるでしょ……」

そのとき、堀田さんから電話連絡が入ります。

「児玉さん。今、電話しても大丈夫？」

「ええ。大丈夫です。でもまだ報告書はできていませんよ。まだ言ってる。と思われるかもしれませんが、やっぱり屋根裏部屋からの音、記録はされていませんが確かに鳴ったんですよ」

「その戸建てのことなんだけど、アレは売ることにしようと思って」

急展開に私はとても驚きます。

「えっ？　そうなんですか？　急にどうされたんです？」

「うん。気が変わったんだよ。ほら、あの日の朝。屋根裏部屋から音がしたって、児玉さん言っていたでしょ。すごい剣幕で」

「すごい剣幕かどうかはわかりませんが……」

「それでさ、私も不動産業者の端くれだからね。泊まってみたんだよ。一昨日」

「泊まったんですか。あの家に……。もしかして、何かありましたか？」

「音がさ、屋根裏から鳴ったんだよね。叩き付けるというかさ。切羽詰まったような音だったんだよ。児玉さんの言っていた通りさ」

「堀田さんも聞かれたんですか。あの音を」

「そうさ。聞いたよ。しかも私もボイスレコーダーを持参して録音をしていたんだけど、あの【ドン!!】って音は録音されていなかったんだ」

「私のときと同じなんですね」

「あのときは信じてあげられなくて悪かったね。本当だったのに……。それにしてもさ、児玉さんはすごいね。あの音を聞いた上で、その後4時間以上も居続けたんでしょ」

「はい」

「私はさ、音を聞いて、そのまま怖くなって逃げ帰ったよ。申し訳ないけど、もうあの家にひとりではいられないと思う」

「だから賃貸運用から売却に気持ちが変わったんですね」

「そう。一日でも早く手放したい」

「でも堀田さん。あの家を売却するに当たっては、告知事項はどうするんですか？」

「告知はするよ。1階で家主が、父親が亡くなっているからね」

「いえ、違いますよ。屋根裏部屋のことです」

「屋根裏部屋のことは告知なんてできないよ。そもそもあそこで母親が亡くなったのかどうかもわからないじゃない」

「それはそうですが、堀田さんもあの音を聞いたんですよね。ならば、わかるんじゃないですか」

「何が？」

「私はあの屋根裏部屋に母親は閉じ込められたのではないかと思っています。息子さんに。そのときに他の家族がどうしていたのかはわかりませんが、外からロックをかけられたとしたら、あの家の屋根裏部屋の構造からして、中から脱出することは困難です」

「それで？」

「だから、出してくれという意味で床部分を、2階部分から見れば天井ですが、思い切り、【ドン!!】と拳を叩き付けたのではないでしょうか。そしてその叩き付ける音が今もあの家では鳴り響いているのではないかと思っています」

「そうだね。もしかしたら、児玉さんの言っていることは正しいかもしれない。ただ、それでも、屋根裏部屋のことについての裏付けにはならないよ。事実はわからない」

「堀田さん。あの家のいわくは1階で亡くなった家主の父親ではないですよ。屋根裏部屋にいる母親だと思います。それを黙ったまま売却するのはどうなのでしょうか。せめて屋根裏を塞いだり、何かしらの工事だけでも」

堀田さんは少し考える間を置いてから言いました。

「確かにね。そのくらいは対応してもいいかもしれない」

その言葉を聞き、私はすぐに屋根裏部屋の告知にも対応する売買用の報告書を作成したのですが、堀田さんがその報告書を受け取ることはありませんでした。屋根裏部屋に手を入れることなく、告知もせずに売買契約を締結し、同時に現金での取引を実行してしまったからです。

告知事項にないいわくを持つその戸建て。それを購入した方は一体いつ、本当のいわくに気がつくのでしょうか。また、本当のいわくに気づいた後にはどのような行動に移るのか。提出されることのなかった報告書を目にするたびに、そのことが頭を過ります。

これから戸建ての購入を検討され、事故物件でも問題はないと考えられている方も、売買契約を締結する前には必ず〝屋根裏部屋の有無〟を確認されることをお勧めします。

#015

簡易報告書

関東近県住宅都市
築30年中古戸建て住宅(木造2階建)

【概要】

・1階の居室で住人の男性が孤独死し、当該物件の調査依頼を受ける
・現地調査中の深夜、屋根裏部屋から強い衝撃音が2度にわたり発生(録音データに記録なし)
・屋根裏部屋で、不自然な滲みを確認

【経過】

1階部分の瑕疵のみ告知し、所有者が当該物件を売却

#016

人影が見ている

「児玉さん。私の持っているマンションは事故物件なのですが、事故のあったその部屋では不思議なことが起きています。管理会社は頼りになりません。だから、借り上げをしてほしいと思って連絡をしました。動画投稿サイトで見たんです。事故物件でオバケが出たら、死亡事故が起きる前の賃料でカチモードさんがその部屋を借りてくれるって。たぶん御社の条件にも当てはまるのではないかと思うので是非、調査をしてください」

このような問い合わせをしてきたのは、都内にマンションを所有している島崎さんという女性のオーナーでした。

「事故が起きたその部屋で不思議なことが起きているとのことですが、具体的にはどんなことが起きているんですか？」

「退去した入居者さんから聞いた話では、自分ひとりで生活しているその部屋の中に自分以外の何かの気配がする。じっと見られているようなそんな感覚が四六時中あるというものでした」

「気配を感じて、しかもそれに見られている感じがするんですね……。その部屋はどのような部屋ですか？　単身者用、それともファミリータイプの部屋ですか？」

「単身者用です。普通の1Kタイプ。一人暮らし用の部屋です」

「単身者用の部屋なんですね。あの……島崎さんの口ぶりからすると、その気配や視線をご自身では感じていないように思ったのですが、それはどうなのでしょうか」

「ええ。その通りです。私自身はその入居者さんたちが証言した現象を体験していません。ですが、事故後に入居した面識のない2人の退去理由がまったく同じ内容で、室内に気配と視線を感じるということだったのでこれは不思議だと。オバケかもしれないと思って、児玉さんに連絡をしたんです」

「事故後に入居した面識のない2人が、同じ理由で退去……。きっと、再現性があるんですね。ちなみに、その部屋が事故物件となってしまった根本の理由はなんですか？」

「50代の男性が首を括ってしまったんです」

「50代男性が縊死……。部屋で感じる気配や視線は、その男性が亡くなった場所から発せられているものですか？」

「違います。別の場所です」

「違う場所なんですね。では、島崎さんはその部屋で感じる気配や視線は、その男性のものだと思われますか？」

「それは私にはわかりません。でも児玉さん。部屋で不思議なことが起きているのは確かなんです。オバケ調査を引き受けてはいただけませんか」

男性が縊死された室内で発生する気配と視線に関するオバケ調査のご依頼。私はそれを引き受けることとしました。

島崎さんのマンションは都内のいわゆる〝良い場所〟といわれる地域に建っており、50代の男性が縊死した事故物件だったとしても相場より多少家賃を安くすることで入居者を集めることができました。そのような立地に恵まれ、事故物件でも人を集めやすいマンションにもかかわらず、その部屋は空室の状態が続いています。

「もう何カ月くらい空室なんですか？」

「丸3カ月ですね」

「管理会社が入居者募集をストップしているとおっしゃっていましたよね」

「ほとぼりが冷めるまで。とのことでお話しいただいたんです。管理会社の立場にしても短期間で面識のない2人の入居者がまったく同じ、それも不可解な理由で退去したとなれば、そのように対応したくなるのもわからなくはないですよね」

オバケ調査の機材を持ちながら18時に最寄り駅で島崎さんと待ち合わせした後、徒歩5分圏内にあるマンションに向かう短い時間の中で状況の確認をします。

「それで、管理会社はその部屋に対して何か対応や対策をしているんですか？」

「いえ、特には何も……」

「そうですか。退去した入居者の2人は、それぞれどのくらいの期間で退去されたんですか？」

「最初の入居者は2カ月くらい。2人目の入居者は早かったですよ。1カ月も経たずに退去しました」

「それはすごく速い回転ですね」

「はい。最初の事故の後、今日までの半年間で2回転しています。しかも、こんな短期間で退去した入居者でも部屋を紹介して入居させたことには変わりない。ということで、管理会社はしっかりと手数料を持っていくんです。私としては、手数料だけ持っていかれているような気がして……何か損をしている気分なんです」

「そんなとき、動画投稿サイトを見ていたら、児玉さんが、オバケが出たら懸賞金を進呈とか死亡事故前の賃料で借り上げますとおっしゃっていたので。それを聞いてすぐに連絡をしたのです」

「そのような流れがあって、ご連絡をいただいたんですね」

そうこうするうちに島崎さんのマンションに到着。4階へ上がり、部屋の中へと案内されます。

「この部屋です。どうぞ中に入ってください」

「ありがとうございます」

室内は際立った特徴のない普通の1Kタイプの部屋でした。

「この部屋で男性が縊死して、その後に気配と視線を感じるようになったんですね」

「そうなんです。男性が亡くなったのはここです」

島崎さんは室内の居室と廊下を隔てるドアを指さします。

「それで、退去した入居者さんたちが気配や視線を感じたのは……」

「し、島崎さん。ストップ」

「えっ？」

「それは言わないでください。先入観が出てしまうんで。フラットな調査ができなくなってしまいます」

「ご、ごめんなさい」

「いえ、謝っていただくことではないんですが、すみません」

この後、島崎さんから建物や亡くなった男性のこと、退去した入居者のことなどについて、詳細を伺い、オバケ調査前の確認事項をまとめます。

「大体こんな感じなのですが、児玉さん。何か足りないことはございますか？」

「いえ、おおよそのことは確認できましたので、大丈夫です」

「それで、本当に借り上げをしていただけるのですか？」

「はい。借り上げますよ。気配と視線を感じることができたらですが……」

「わかりました。よろしくお願いします。オバケ調査はこの後、22時から明朝は6時まででしたか？」

「はい、そうです」

「それでは明日は何時頃に戻ればよろしいですか？　調査が終わった6時過ぎくらいで大丈夫

ですか？」

「そうですね。6時に調査が終わり、その後に撤収作業をしますので7時くらいに来ていただければと思います」

「そうですか。では7時に戻りますね」

「はい。よろしくお願いします」

そして島崎さんは部屋から去り、22時に向けて機材の最終調整に入ります。

「22時となりました。これからオバケ調査を始めます」

男性が縊死したとされる場所とビデオカメラの間に立ち、今回のオバケ調査の開始を宣言します。

「そして今回は、男性が縊死された室内ドア部分の調査を実施しながら、この室内のどこかから発せられる気配と視線についても確認する調査となります」

宣言と合わせ、通常の調査との相違点についての説明もカメラに収め、調査時の定位置につきます。今回私が定位置としたのは横に長細い居室の中心部分からややベランダ側に寄った箇所。背後にベランダを背負い、キッチンや浴室、トイレなどがある方を向いて簡易な椅子をセットし、男性が縊死したドアを臨みます。

オバケ調査で何かが起こる時間帯は0時半から3時半に集中します。私はこの時間帯をコアタイムと呼んでいるのですが、この日は1時を過ぎても何も起きる様子はありませんでした。

「何かあるならそろそろだと思うけど、何も起きないな……」

心の声を実際の声として漏らしながら、コアタイム中のため油断をすることなく、静かに時間を過ごしていました。そして、それは突然起こります。時計を見ると1時42分。私の左側後ろ部分に強烈な違和感が発生しました。人の気配と視線を感じます。私の背後はベランダです。そのため一瞬、ベランダに誰かがいるのかとも思いましたが、ここはマンションの4階。しかも深夜です。普通に考えれば、ベランダに入れるはずがありません。それに、どう考えても距離的には室内に誰かがいるとしか思えません。左背後に気配と視線を感じつつ、内心は焦りながらも表面的には何食わぬ顔をして、定期数値調査書への記載を続けます。

「この気配と視線は気のせいか？　無視してれば消えるものなのだろうか」

心の中でいろいろと思いを巡らせながらも、結局は振り返ることを決意し、その決意が鈍ってしまう前にバッ！と身体ごと振り向きます。

左後ろには誰もいませんでした。また、振り向いた瞬間に気配も視線も消えました。

「誰もいないし、気配も視線も消えた。まさか人間がベランダにいることはないよな」

念のためにカーテンと掃き出し窓を開けてベランダを見渡しますが、当然誰もいません。きっと今の現象のことを、退去した入居者たちは言っていたんだろうな。と思いました。

2時35分。1時間ごとの機材数値を表に落とし込んでいるときに2回目の気配と視線を感じます。まったく同じ場所。左背後です。

「この気配と視線はこちらが何か書き仕事を始めると出てくるのか？」

と思いつつ、視線は用紙に向けたまま、かたわらに置いてあるミニテーブルに準備していた道具を手で探ります。手に取ったのは、手のひらサイズの鏡。調査に臨むに当たっては様々なものを現場に持ち込みますが、鏡もその中のひとつです。直接見て消えてしまうのであれば、間接的に見ることはできるのか。今夜はもう気配も視線も発生しない可能性のある中で、一応準備をしていたのが功を奏します。スッと右斜め前に鏡を構え覗き込みます。気配と視線は消えません。しかし鏡には何も映ってはいません。

「鏡には映らないのか！」

と思った瞬間に左後ろを振り向きます。今回も誰もいません。

そして先ほどと同じように、誰もいないことを確認した瞬間、気配も視線も消えました。

「不思議だなぁ……」

もし3回目があるとしたらと考え、廊下側のドアを映しているカメラを1台、定位置の左後ろ、気配と視線を感じる部分が画角に収まるようにセットし直そうかとも思いましたが、やめました。

「変なことをして出てこなくなる方が嫌だな」

そう考え、それまでと同じように調査を続けることにしました。資料の備考欄に『気配と視線は鏡に映らない』とだけ記して。

3時28分。3時30分からの数値チェックの準備と、この1時間の様子を椅子に座りながら資料にまとめていたときです。3回目の気配と視線を感じました。しかし、先ほどとは様子が違います。気配と視線の発せられている部分が左後ろからではないのです。

「え？　資料を覗き込んでいる？」

気配は私の真後ろにいます。座る私の真後ろに立ち、身をかがめ、私の左肩口から私の資料を覗き込んでいる。そんなイメージを持ちました。

「近い……。でも気配と視線だけ？　息遣いはない」

急激にその気配が距離感を詰めてきたことに驚きながらも、意外と冷静なことを考えていましたが、その距離感はとても気持ち悪く、我慢できずに左回りに上半身を捻り、振り返ってしまいました。しかし、やはりというのか、そこには誰もいませんでした。確かな気配と視線を感じていたのに……。

「借り上げ、決定かな……」

その後は何も発生せず、6時を迎えたことで今回のオバケ調査は終了しました。

「おはようございます。島崎さん」

6時45分、予定より早く島崎さんが室内に戻ってきました。

「おはようございます。児玉さん。昨夜はいかがでしたか？　気配や視線は感じられましたか？」

「はい。1時半から3時半の間で3回感じました。たぶん、退去された方と同じ現象を体験したんだと思います」

「そうですか。それはすごい……」

「それで、退去された入居者さんたちが気配を感じた場所なのですが」

「はい。答え合わせですよね」

「ええ」

玄関先から居間部分に戻ります。

「島崎さん。指を天井に向けて1、2、3で同時に気配と視線の場所を指さすというのはどうですか？」

「いいですよ。その方がわかりやすいですよね」

そして島崎さんと私は天井に人差し指を向けます。

「1、2、3、ハイ」

2本の指が示したのは、ベランダを正面に見て右側。夜中に気配を感じたその場所でした。

「同じ場所。やはり児玉さんも感じられたんですね」

「そうみたいですね……」

「この後はどうなりますか？　この部屋は児玉さんのカチモードで借り上げをする対象になりそうですか？」

「はい。再調査もさせていただきたいですし、何もない空間からあんなにハッキリと気配や視線を感じたこともありませんので、借り上げをさせていただきます」

「ありがとうございます。よかったです！」

「ああ、あと島崎さん」

「なんですか？」

「あの……、合計3回、気配と視線を感じたんですが、実は先ほど指した場所は1回目と2回目にそう感じた場所だったんです」

「はぁ……。では3回目は？」

「3回目は真後ろから感じたんです。資料作成をしていたら、それを覗き込まれる感じで……」

「えっ？　それは今指さした場所から動いた、ということですか？」

「動いたかどうかはわかりませんが、3回目は突然、それの発生する場所が変わったんです」

「そうですか……。真後ろから覗き込まれたと……」

「それで島崎さん、借り上げのことなんですが、いつから部屋を貸していただけますか？　賃料は事故前の金額でお借りしますので」

何かを考え込んでいる島崎さん。私の言葉が届いていない様子です。

「島崎さん？　どうされました？」

「えっ？　あ、児玉さん、すみません。なんのお話でしたか？」

「はい。借り上げ開始のタイミングのことなんですが……」

「ああ……借り上げのタイミングですか……」

ついさっきまで、カチモードが部屋を借り上げることに前向きだった島崎さんの様子が変わりました。顔色もどこか血色が悪くなっています。

「島崎さん。どうされました？　ご気分が悪くなられましたか？」

「いえ、なんでもありません。あと……借り上げの件ですが、その話は後日でもいいですか？

いえ、後日にしてください」

「え？　あ、はい。大丈夫です。わかりました」

明らかに動揺し、なぜか早くその場を離れたがっている島崎さん。その急変した様子を感じながらその日はお開きとなりました。

後日、報告書が完成し、その提出の件で島崎さんとアポイントを取り、マンション4階の部屋で待ち合わせることとなりました。

「島崎さん、こちらが報告書となります」

「どうもありがとうございます。でもこの報告書はもういりません」

「えっなぜです？　先日も借り上げについてお話を進めるという段階になって急に延期されましたよね。いかがされましたか？」

「児玉さん。この部屋なんですが、御社に借り上げてもらうことをやめようと決めたんです」

あれだけ借り上げを望んでいた島崎さんからの思いもよらない言葉に驚きました。

「急にどうされたんですか？」

「いえ、いろいろと考えたのですが、やっぱり現状のままでいこうと思いまして……」

「管理会社さんが動いてくれて、部屋を借りてくださる入居者を見つけられましたか？」

「いえ。相変わらず管理会社は、ほとぼりが冷めるまでと言っています……」

「ではなぜ……？」

しばらく押し問答が続きます。が、結局私が折れます。

「島崎さん。わかりました。借り上げの話はなかったということで承知しました。そして気配と視線について書かれた報告書も必要ないということも承りました。しかし、何があったんですか？　その理由だけでも教えてください。お願いします」

すると島崎さんはこれまで見せたことのない冷たい目と、いつものおっとりとしたやさしい声色とはかけ離れた、とても低い声で言うのです。

「それをあなたに説明する必要はない」

島崎さんとはその日を境に連絡が取れなくなりました。

あのとき、島崎さんの様子が急変したのは、私が「気配と視線を真後ろに感じた」と伝えてからです。真後ろということになんの意味があったのでしょうか。私にはわかりませんが、もしかすると島崎さんには心当たりがあったのかもしれません。あの部屋の何か重要なこと、隠している何か、その知られてはいけない内容を問いただそうとした私。一体何がいけなかったのか。しかし確かなのは、あのときの島崎さんの私に対する冷たい眼差しと別人かと思うような声色は、ただ事ではなかったということです。

今でも、あのマンションの4階にある部屋は誰にも貸し出されておらず、あの日突き返された報告書は、私の手元に残ったままになっています。

#016

簡易報告書

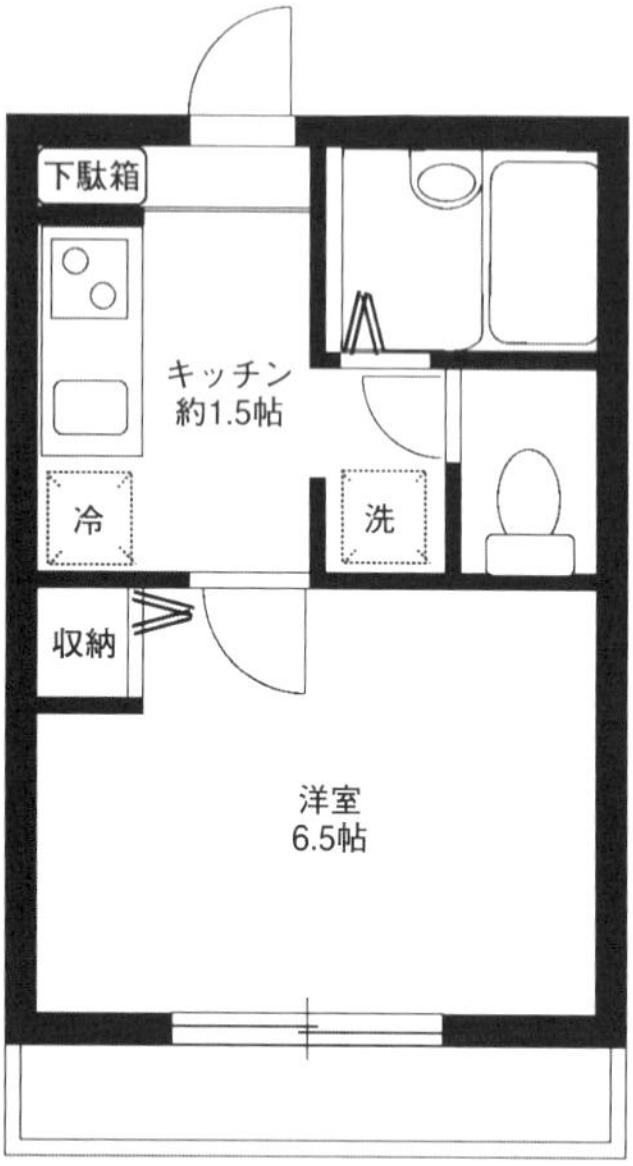

東京都心部繁華街
単身者用賃貸マンション(鉄骨造4階建)

【概要】

・室内にて異変を感知した入居者2名が数カ月以内に相次いで退去
・当該物件の借り上げを希望する所有者から、調査依頼あり
・異変を確認し、当該事象を報告した際、所有者の態度が急変

【経過】

当該物件が借り上げ対象となるも、所有者が借り上げを拒否

#017

想い

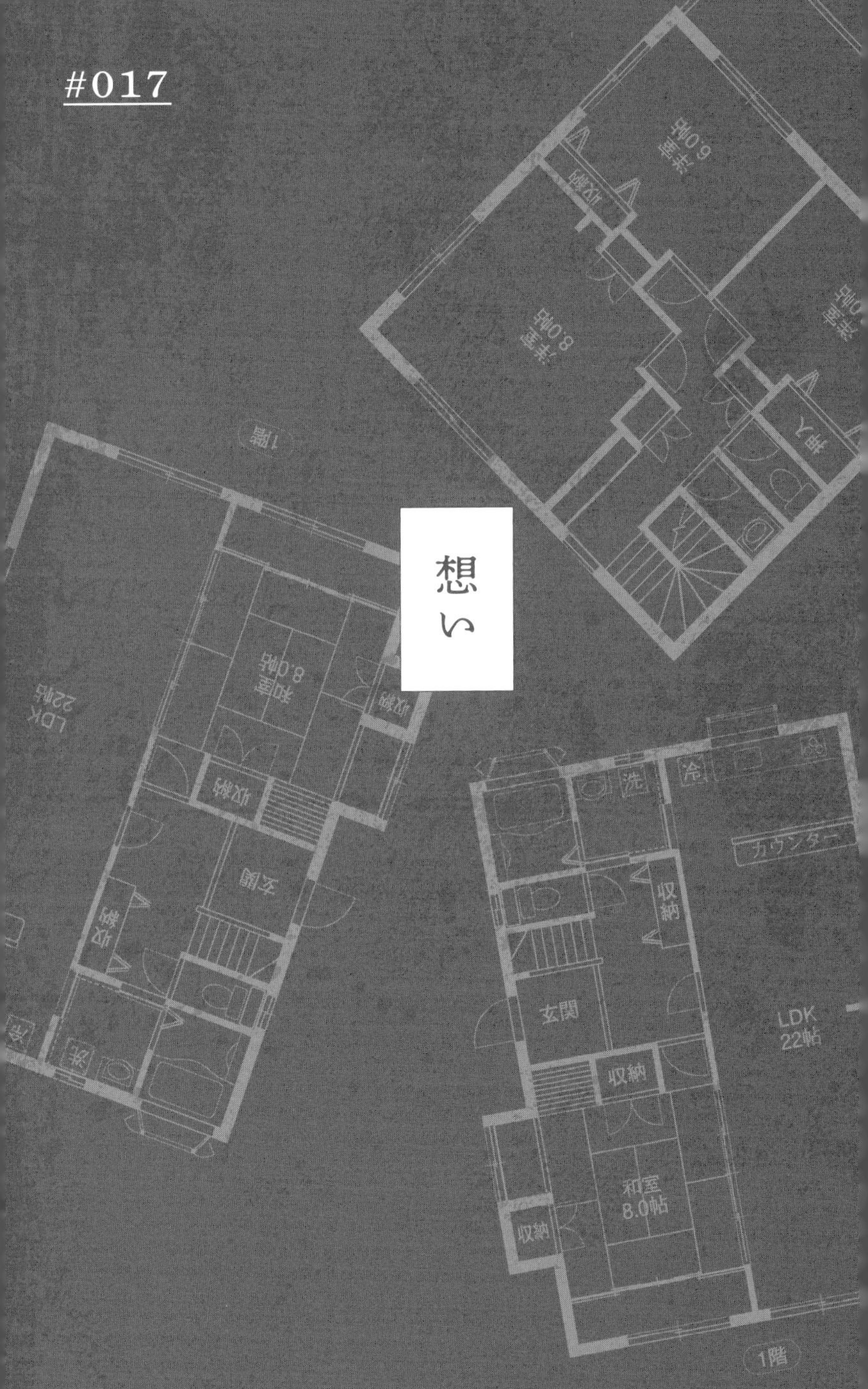

サラリーマン時代の話です。

いつも会社でお世話になっている士業の先生からの依頼で、ある資産家一家の相続についてご協力することとなりました。具体的には、ある不動産の売却に関するお手伝いです。当初は社長自らが対応する予定だったその案件ですが、社長に急な出張が発生したことにより、私が担当することになりました。


「倉木悟と申します。不動産の売却について、よろしくお願いします」

「こちらこそ、よろしくお願いいたします。担当の児玉です」

倉木家は悟さんの父親の代でかなりの財を築き、資産家となったのだといいます。しかし、その父親が他界。実子である姉と悟さんにて、その財産を分けることとなりました。

「戸建てを売却されると伺っておりますが、その経緯をお教えください」

「相続絡み。といえばそれまでなんですが、お伝えした建物は実家なんですよ」

「では今回はご実家を売却されるということなんですね」

「ええ。いろいろとありまして。父は生前にしっかりと遺言書を残しており、かなり細かく相続人である姉と私に対して遺産分割の内容を記していました。しかしその中で、姉と私の共有名義となる建物がひとつだけありまして。それが実家だったんです」

「ご実家だけがお2人の共有持ち分だった……」

「はい。そのために実家の今後の扱いについて私たちの間で齟齬《そご》が生じ、それがもとで遺言の細かいことについても言い合いが起こってしまい、現状、争いになりかけているんです」

「悟さんとお姉様はそれぞれ、ご実家の扱いについてはどのようにお考えなのですか？」

「姉は売却したいとの考えです。使い道が現状ありませんので、税金だけ取られるのは嫌だと。敷地もそれなりに広いですし場所も悪くないので、このタイミングで現金化したいそうです」

「では、悟さんはどうなされたいのですか？」

「私は……できればそのまま家を残しておきたいのです。生前、父親からも実家はできるだけそのままで保ってほしいとも言われていましたし。でも、誰も住まない収益性もない状態ですから、正直、税金だけでも大変です。それを思うと姉の言う通り、売却して負担を軽くするのも方法のひとつだな、と考え始めてしまったのです。それに姉とは争いたくない。それで売却のご相談をしたところ、児玉さんと本日お会いできたというわけです」


悟さんと売買業務に関する契約を締結した後、実家の状況確認のために早速、現地へと向かいました。

「結構大きな家だな。こんな家に悟さんの父親はひとりで暮らしていたんだ」

悟さんから預かった鍵で戸建ての屋内へと入ります。

「2階から見ていくか……」

1階に比べて設備や部屋数の多い2階部分から売却に必要な家屋の情報収集や確認を始めます。2階の作業が終了。悟さんの父親の性格なのでしょうか。家中がすごく整頓されており、仕事がとても捗《はかど》ります。

その後、1階部分の水回りについて確認を終え、残すはリビングと和室部分のみとなりました。キッチンから和室に向かい、部屋に入ろうとしたそのとき、不意に声をかけられました。

「こんにちは」

父親が亡くなって以来、その家に人の出入りはありません。と聞いていた私は驚愕しながら和室の中に目をやりました。そこには60代中盤くらいの女性がおり、両膝をつきながら畳の拭き掃除をしていました。

「えっ？　すみません。誰もいないと思って。こちらの家の売却の件で悟さんからご依頼をいただき、本日はその準備のために建物に入らせていただいております」

掃除を続ける女性に向かって矢継ぎ早に説明をします。

「驚かせてごめんなさい。知っていますよ。悟とその姉が少し揉めているようですね。この家も人手に渡るのでしょうか」

「一応、売却の意向と伺っています」

「そうですか。今日は家を労うために掃除をしているんですよ」

「掃除で労いですか……。あの、失礼ですがこの家の方ですか？」

「姉弟《きょうだい》の母です」

「お母様ですか……」

悟さんからはお母様の話は一切出てきませんでした。しかし目の前には母親と名乗る女性が……なんとなく顔つきが悟さんに似ている気もします。相続に関係のない姉弟の母親。きっと以前に離婚をされているのだなと解釈しました。

「まさかこの家が姉弟の争いのもととなるなんて思いもしませんでした。40年前とはなりますが、夫とこの家を買ったときにはすごく大変な思いもしたんですよ。でも将来この家が2人のためになればと思いながら夫もがんばってきたのに。とても残念に思います」

私は和室内で自分の作業をしながら話を聞いています。

「小さい頃の2人はね。とても仲が良かったんですよ。この部屋でも楽しそうにはしゃいだりして。きっと私に気を使ってくれていたんでしょうね」

お母様は和室の拭き掃除を続けながら笑顔で話をしています。

「そうそう、あの日も、いつもと同じようにこの部屋で姉弟で遊んでいたんですが、悟が何かの拍子にあそこの柱に頭をぶつけたんです。すごい量の血が出ました。そのときたまたま家には夫もいなくて。私はとても体調が悪かったのですが、それも忘れて悟を抱きかかえ、姉と一緒に病院へ駆け込んだんです。大変でしたけど悟に何事もなくてよかったと思ったものです。

姉は姉で自分のせいではないのに、悟の怪我が治るまでずっと気にしていたんですよね」

お母様の思い出話が一段落した頃合いで私の作業も終了しました。

「今日はお母様がいらっしゃることを知らず大変失礼しました。お話の途中だとは思いますが、私はこれで失礼させていただきたいと思います」

「そうですか。わかりました。お話を聞いていただいてありがとうございました。気をつけてお帰りくださいね」

「ありがとうございます。そうだ、私がこちらの家に入る際には鍵を開けて入ったのですが、施錠はどうすればよいですか？」

「鍵はかけてお帰りいただけると大変助かります」

「承知しました」

和室で座るお母様と別れ、玄関に向かい、鍵をかけてから会社に戻りました。夜、悟さんと事前に約束していた時間に電話をかけます。本日の報告をするためです。

「悟さん。本日予定通りにご実家へ伺いました。室内はすごく綺麗に整頓されていましたよ」

「父親の性格なんです。小さい頃は散らかしたままにすると、よく叱られました」

「そうなんですね」

「それで、実家をご覧になっていかがでしたか？」

「はい。特に問題はなさそうです。築40年ではありますが、しっかりとした造りのご自宅でした」

「そうですか。ではこのまま進めてください」

「わかりました。ありがとうございます。……ああ、そうだ。ご実家で悟さんのお母様にお会いしましたよ。和室の掃除をされていらっしゃいました」

「えっ？　母が和室を掃除？　そんなはずないですよ。一体誰と会ったんですか？」

「母です、とご自身でそうおっしゃっていました……。60代くらいの女性でしたが」

「児玉さん。変なことを言わないでください。母は30年前に亡くなっているんですよ」

「えっ、亡くなられている。30年も前に……？　じゃあ、あれは……」

誰だったのだろうか……。

「すでに亡くなっているから相続の話にも出てこないんですよ」

「ええと……。お父様と以前に離婚されていたりなどではないんですか？」

「離婚なんてしていないですよ。私が8歳のときに母は亡くなっています」

「そんな……。今日その方にいろいろと聞いたんです。今回、ご実家を巡る揉め事が起きて残念だと。お姉様と悟さんのこともお話しされていましたよ」

「児玉さん。いい加減にしてください。空き巣か何かと出くわしたのではないんですか？」

「そんなはずないです。あんな空き巣がいるはずがない。そうだ、悟さん。ご実家の1階の和室で柱に頭をぶつけられて、お母様と病院へ行った記憶はありますか？」

「んっ？　児玉さん。なんであなたがそれを知っているんですか？」

「聞いたんです。その1階の和室でお母様から」

「1階の和室で？　それで母を名乗るその人はなんと言っていたのですか？」

「仲の良いお2人が1階の和室で遊んでいたとき、悟さんが何かの拍子に頭を柱にぶつけて流血したと。自分は体調不良だったけど、悟さんを抱きかかえて病院に駆け込み何事もなくてよかったとおっしゃっていました。それに、お姉様が悟さんの怪我が治るまですごく気にかけていたこともお聞きしました」

「……。それは母が亡くなる少し前の出来事です。今やそれを知るのは私と姉だけのはずです。児玉さん。その話は姉から聞いたのですか？」

「いいえ、違います」

「そうですよね。違いますよね……。児玉さん、その話、母と会ったときに話した内容を、改めて詳しく教えてください。姉も呼びますので」


翌日の夕方。倉木家実家で悟さんとお姉様と合流。1階和室部分にて、私の体験した出来事をお伝えしました。

「児玉さん。この和室は母が最期に過ごした場所なんですよ。ずっと入院していて、急に退院してきて床を敷いたのがこの部屋だったんです」

お姉様が教えてくれます。

「ではお母様は……」

「母は最期を自宅で迎えたかったんですね。だから帰ってきたんです。姉と私もそのことを察してはいましたが、少しでも母と一緒に居ようとこの部屋に入り浸っていたんです。そんなときに私が滑ってこの柱に頭をぶつけて流血してしまったのです。調子の悪いはずの母親が、当時近所にあった診療所に駆け込んでくれて。今でもしっかり覚えていますよ。母は動けたんだ、とびっくりしたので。でも、私の頭の怪我が治る少し前くらいでしょうか。母は息を引き取ったんです」

「それは……」

言葉に詰まる私に向かってお姉様が言います。

「でも、児玉さんがうらやましいですよ。亡くなった母に会えただなんて。亡くなった当時、母は38歳のはずなので、今生きていたら68歳？　児玉さんの見立てにも近いし、亡くなっても人は年を取るんですね」

私自身が半信半疑なのにもかかわらず、姉弟の2人はそれが自分たちの母親だったと信じています。

「年を取るのかはわかりませんが、でも私にはお母様は普通に生きていらっしゃる方に見えていたんです。掃除もされていましたし」

「そうなのかもしれませんが、誰も知るはずのない30年も前の出来事を児玉さんに伝え、しかも自分が悟を病院へ運んだというのであれば、きっとそれは亡くなった母なんですよ」

「出てこられるのであれば、私や姉の前にも出てきてくれればいいのに」

「この家でひとりだったお父さんはもしかしたら会っていたのかしら？」

聞けば、姉弟は、私が合流する数時間前に実家に到着し、家の中を確認して回ったとのことでした。しかし、私が見たという掃除道具をはじめ、母親に関する痕跡は何もなかったのだそうです。

「この後はどうなさいますか？　こちらの売却を進めますか？」

「姉さん……」

悟さんがつぶやき、お姉様が言います。

「売却はやめましょう。母がいるのであれば、父もきっと来るはずです。私は使わない家をただ所有してお金だけかかってしまうのが嫌だったんです。でも状況が変わり、所有する理由ができました。悟と一緒にこの家を所有し続けたいと思います」

「わかりました。私もそれがいいと思います」

あの日、お会いした女性が本当に姉弟の母親だったのかどうかはわかりません。しかし、あの女性が話してくれた想いを姉弟に伝えたことで、姉弟の関係は修復し、物件は売却されることなく、今では悟さん家族が大事に使っています。

#017

簡易報告書

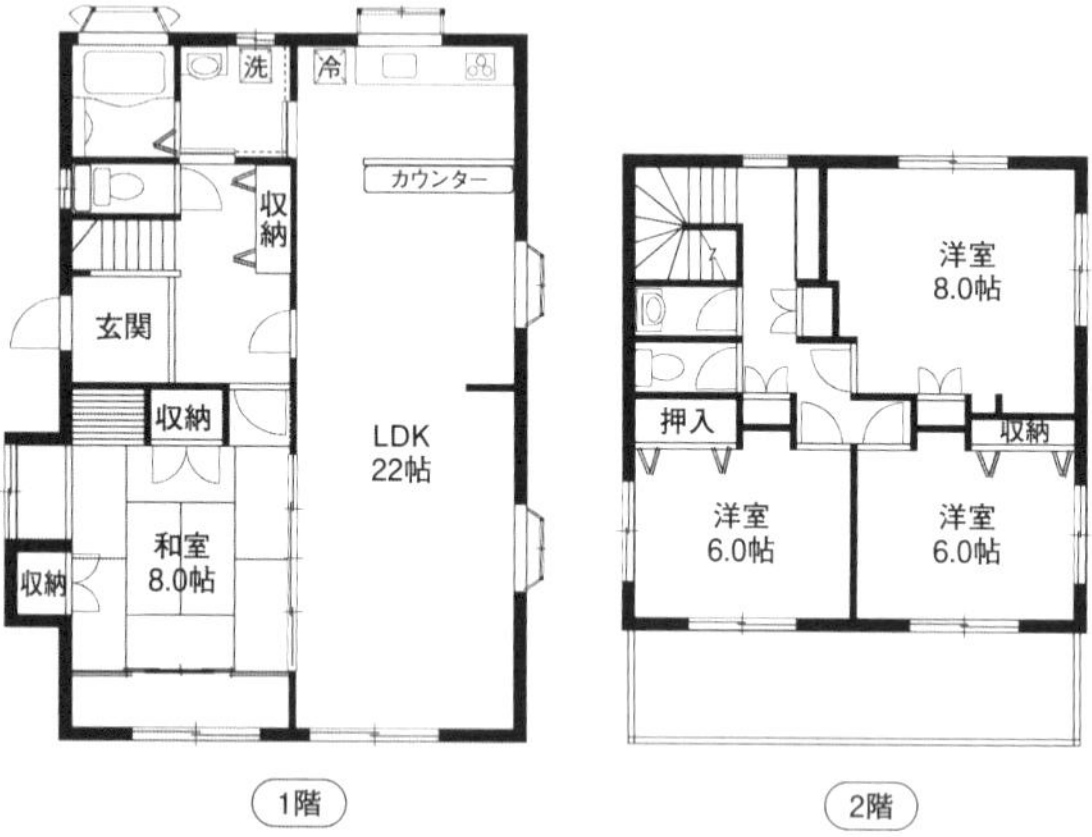

関東近県郊外
築40年中古戸建て住宅(木造2階建)

【概要】

・物件所有者の死亡により相続が発生し、当該物件の売却を検討

・当該物件の現地確認中、相続人姉弟の母親と名乗る老年女性に遭遇

・後日、姉弟の母親は数十年前に鬼籍に入っていたことが判明

【経過】

当該物件の売却を中止(老年女性についての詳細不明)

おわりに

カチモードを起業して以降、賃貸不動産管理会社で勤務していたときとは比べものにならない頻度で事故物件に携わることとなりました。そこでは事故物件を抱え、先行きを不安視するオーナーや、慣れない死亡事故に追われ焦燥の中で業務に当たる管理会社など、事故物件の対応に声にならない悲鳴を上げている〝いつもの〟姿も多く目にします。その状況をどうにかしたくて、ゲームチェンジャーとして立ち上げたのがカチモードという会社なのですが、オバケ調査の経験が積まれていくたびに思いがけない側面に触れることもあります。

心理的瑕疵という言葉があります。これは人の心が感じる気持ち悪さのことです。どこの誰かも知らない人が亡くなった部屋は皆、気持ち悪く感じます。しかし、例えば親や兄弟、祖父母といったごく近しい人が亡くなった部屋ならどうでしょう。そこまでの嫌悪感は覚えないのではないでしょうか。極端な例を出します。オバケが出たと想像してください。それが赤の他人であったなら……恐怖でしかありません。でもそれがごく身近な人であり、日常生活の中でふと会いたい、と思うような人だったならどうでしょう……。怖いどころか、逆に嬉しい気持ちにさえなるのではないでしょうか。この違いはなんなのか。私はこれを〝心の距離〟と呼んでいます。心の距離が遠ければ気持ち悪く、近ければ嬉しさを感じることさえあるのです。ではその距離を近づけるにはどうすればいいのか……。

その部屋では女子大学生が縊死しました。不幸中の幸いか発見が早く、部屋が汚れることはありませんでした。しかし人の自殺した部屋は事故物件となり、気持ちが悪いという理由で家賃が下がります。オバケ調査の依頼を受けた私は、その亡くなった女性の詳細を知るため、女性の父親とコンタクトを取りました。

「カチモードの児玉と申します。亡くなった娘さんの部屋でオバケ調査を実施します。つきましては……」

それを聞いた父親からはすごい勢いと剣幕で怒鳴られました。当然です。その父親は娘のことをとても、とても大切に想っているからです。だからこそ、私は言いました。

「お父様が大切に想われている娘さんが、皆に気持ち悪がられています。そのために建物にも影響が出るほどです。私はそれをなんとかしたい。だからオバケ調査を仕事にしているのです」

その真意を理解してくださった父親は言いました。

「児玉さんがオバケ調査をして、もし何かが出たのなら……いの一番に私に知らせてくれないか。それはきっと娘だから。もし娘が迷惑をかけているのであれば、責任は私が持つべきだ」

その後、調査を実施しましたが結果は異常なし。私は父親に報告をします。すると……

「そうか。娘はあの部屋にはいなかったんだね。実はこの前、児玉さんに言わなかったんだけど、娘の月命日にはいつもあのアパートに手を合わせに行っているんだよ。自殺したらそこから動けなくなると聞いたから。死んでから後もそれでは、あの子が不憫でならない。でもあそこに娘はいなかったんだね。どこに行ったのかはわからないけれど、それがわかっただけでもよかったよ。児玉さん、ありがとう」

亡くなった人を大切に想う人がいます。つまり、事故物件で亡くなった人も、誰かにとっての大切な人なのです。この理解こそが心の距離を近づけるためのポイントであり、心理的瑕疵を軽減する方法なのだと考えています。赤の他人だから気持ちが悪い。しかし、赤の他人であったとしても、亡くなったその人が誰かにとっての大切な人だと知ってもらえたとしたら……。オバケ調査とは、機械を使ったただの数値調査ではなく、亡くなってしまった誰かの大切なその人のことを知ってもらう。そのための調査でもあるのです。

カチモードは、科学的なアプローチによって物件の資産価値を取り戻そうと動いている会社です。

カチモードの業務として、事故物件や不可思議な現象に関わる中で、理学専攻の大学教授や、建築士、プロカメラマン、映像・音声の解析会社、果ては僧侶や神主という広い分野の専門家と関係を持つに至りました。さらに、カチモードのオバケ調査は、不動産業界に留まらず、超心理学や量子力学の分野まで裾野を広げ始めています。

一方で、そうして科学の力をフル活用しても、録音されない音が鳴る家やカメラに写らない人影が見え隠れする部屋など、科学では説明できない現象に立ち会うこともあります。カチモードの活動は、科学の力を信じながらも、時に科学で説明できないことが実在することを逆説的に証明してしまう、そのような可能性を秘めているのかもしれません。

※この作品は、フィクションではありません。実在の人物・団体・事件などが関係していますが、当事者や関係者および読者の皆様に配慮し、一部の表現を調整しています。

児玉和俊（こだま・かずとし）

1979年生まれ。株式会社カチモード代表取締役社長。2007年から15年間、賃貸不動産管理業界で会社員として勤務し、7,000室以上の不動産管理に関わる。2022年、「物件で死亡事故が起きた際に、所有者や管理会社を支援するため、事故物件の"オバケ調査"をおこなう会社」として株式会社カチモードを起業。宅地建物取引士、賃貸不動産経営管理士、相続支援コンサルタントなど、取得資格多数。テレビやYouTubeなど、メディア出演実績多数。

X @kachimode
Instagram @kachimode_kodama

STAFF
著／児玉和俊
装丁・本文デザイン／鈴木 徹（THROB）
DTP制作／市岡哲司
校正／入倉さち子
編集担当／阿部泰樹（イマジカインフォス）

告知《こく》《ち》事《じ》項《こう》あり。

その事故物件《じこぶっけん》で起《お》きること

2025年2月20日　第1刷発行
2025年8月20日　第4刷発行

著　者　児玉和俊《こだまかずとし》

発行者　廣島順二

発行所　株式会社イマジカインフォス
〒101-0052　東京都千代田区神田小川町3-3
電話 03-3295-9468（編集）

発売元　株式会社主婦の友社
〒141-0021　東京都品川区上大崎3-1-1 目黒セントラルスクエア
電話 049-259-1236（販売）

印刷所　大日本印刷株式会社

ISBN978-4-07-460664-1